MARIANNE HEILMANNSEDER

Wanderungen für Leib und Seele

Die schönsten Ausflüge zu Klöstern
und Klostergaststätten in Oberbayern

Im Scheyerner Klosterhof.

Klosterwanderungen für Leib und Seele

INHALT

Klosterwanderungen für Leib und Seele

Auch bei der Brotzeit – das Auge isst mit.

Warum ausgerechnet Wanderungen zu Klöstern, mag sich manch einer fragen, wenn er dieses Buch in die Hand bekommt. Gegenfrage: Warum eigentlich nicht? Mir selbst ist die Idee dafür bei der Wanderung zu einem Kloster gekommen. Dabei war es nicht mal ein besonders spektakuläres, aber nichtsdestoweniger schönes, und es gab den Anstoß, mich intensiver mit den Klöstern und Stiften meiner bayerischen Heimat zu befassen. Wohlgemerkt: das war noch bevor »wir Papst wurden«.

Damit ist aber die Frage nach dem »Warum Wanderungen zu Klöstern« nicht wirklich beantwortet. Es gibt gleich mehrere Gründe:

Einmal, weil unsere Klöster Kulturgüter ersten Ranges sind und Zeugnis ablegen für jahrhundertealte bayerische Geschichte, Kultur und Frömmigkeit. Zum andern, weil man in den Klosterkirchen oftmals weltberühmte sakrale Kunstschätze besichtigen kann – und dies noch dazu zum Nulltarif. Weil Klöster und Klosterkirchen zum Innehalten und zur Besinnung einladen sowie nebenbei auch noch vielfältige Veranstaltungen bieten, wie zum Beispiel Kirchenkonzerte, Leonhardifahrten oder Krippenausstellungen. Weil aber auch zu einem bayerischen Kloster in der Regel eine g'standene Klostergaststätte gehört, wo man gut essen und trinken kann – im Idealfall hauseigenes Klosterbier. Und last but not least, weil die Klöster

Zu einem Kloster gehört traditionell ein Klostergarten. Der Prälatengarten von Kloster Schäftlarn ist öffentlich zugänglich.

hierzulande allesamt in einer herrlichen Umgebung liegen, die wie geschaffen ist zum Wandern.

Dieses Buch wendet sich also insbesondere an Personen – ob junge oder ältere oder Familien mit Kindern –, die nicht nur fitnessbewusst durch die Gegend laufen, sondern neben der gesunden körperlichen Bewegung auch noch viel Interessantes sehen und erleben wollen. Ein Wanderbuch für Leib und Seele also, egal, ob überhaupt bzw. welcher Konfession sich jemand zugehörig fühlt.

Das Buch führt Sie mit seinen 33 Touren auf Entdeckungsreisen zu insgesamt 37 Klöstern – eine subjektive Auswahl von 23 aktiven und 14 aufgelösten. Es sind durchweg leichte und für jedermann durchführbare Wanderungen von gut einer bis knapp vier Stunden reiner Gehzeit im Gebiet zwischen Steingaden im Pfaffenwinkel und Raitenhaslach an der Salzach, zwischen Scheyern in der Holledau und Reisach am Inn. Neben der detaillierten Routenbeschreibung samt Kurzinformation über Anfahrt, Ausgangspunkt etc. sowie Kartenskizze wird bei jedem Tourenvorschlag auch so ausführlich wie möglich auf die Geschichte des betreffenden Klosters von seiner Gründung bis zur Situation nach der Säkularisation von 1803 sowie auf die wichtigsten Sehenswürdigkeiten der Klosterkirche eingegangen. Auch die Einkehrmöglichkeiten werden hinsichtlich Ambiente, Küche und Service beschrieben. Im Info-Kasten »Kloster-Specials« sind die jeweiligen geistlichen und weltlichen Aktivitäten aufgeführt.

Bleibt noch, mich herzlich bei meinen Mitwanderern und Mitwanderinnen zu bedanken, allen voran bei der unermüdlichen Hildegard Nebeling. Allen Lesern wünsche ich viel Freude und schöne Erlebnisse beim Klosterwandern für Leib und Seele im schönen Oberbayern!

Ihre Marianne Heilmannseder

Unterwegs oder im Biergarten: Noch wichtiger als Essen ist für Kinder das Trinken.

Klöster, ein Spiegel bayerischer Geschichte und Kultur

Barockstuck im Kloster Wessobrunn.

Pater Wunibald ist der Imker der Benediktinerabtei Scheyern.

Erste Klostergemeinschaften

Obwohl man es bei der Fülle von Klöstern im südbayerischen Raum annehmen könnte, sind die ersten christlichen Mönchsgemeinschaften nicht hierzulande entstanden. Das war vielmehr lange vor unserer Klostergeschichte, im 4. Jahrhundert, als der ägyptische Mönchsvater Pachomius (gest. um 347) mehrere Männer- und Frauenklöster gründete. Seine eigenen Regeln machte etwas später der heilige Augustinus (354–430) im nordafrikanischen Hippo zur Grundlage eines Klerikerklosters. Um 400 entstanden die ersten europäischen Klöster in Südfrankreich, und iro-schottische Wanderpriester waren es schließlich, die im 8. Jahrhundert den christlichen Glauben und damit auch die klösterlichen Gemeinschaften bei uns verbreiteten. Eine wichtige Rolle spielte dabei der heilige Bonifatius (um 672/ 675–754), ein angelsächsischer Benediktiner, der 739 das Bistum Freising gründete.

Höhen und Tiefen

Die ältesten Klöster dieses Buches wurden Mitte des 8. Jahrhunderts gegründet und gehen auf Bonifatius sowie den Bayernherzog Tassilo (748–788) zurück. Die Stifter waren vielfach reiche adelige Herrschaften, die nicht ohne Selbstzweck handelten. Wie der Bayernherzog Ludwig II., der Strenge (1253–1294), der Kloster Fürstenfeld als Sühne für die von ihm befohlene Ermordung seiner ersten Frau Maria von Brabant stiftete und Zisterzienser dort für sein Seelenheil beten ließ. Neben dem Sühnemotiv waren für die Gründung von Kloster Fürstenfeld – und nicht nur hierfür – aber auch verkehrsgeographische, wirtschaftliche und politische Überlegungen ausschlaggebend.

Das 10. Jahrhundert bedeutete für die meisten Klöster eine Zeit des Niedergangs. Einmal durch die Enteignungen unter Herzog Arnulf dem Bösen (907–937), zum andern durch die Ungarn, die mit ihren Reiterheeren das Bayernland raubend, mordend und brandschatzend überfielen. Aber auch ohne Feindeinwirkung wurden die Klöster und mit ihnen die ersten romanischen und gotischen Kirchenbauten im Lauf der Jahrhunderte immer wieder ein Raub der Flammen.

Nach diesen und anderen Tiefschlägen ging es aber jedes Mal wieder aufwärts. Vom 11. bis ins 13. Jahrhundert erlebten viele Klöster eine Blütezeit. Allerdings eskalierte im 11./12. Jahrhundert der Konflikt zwischen Kirche und Staat um die Rolle der weltlichen Herrscher bei der Amtseinsetzung von Bischöfen und Äbten (Investiturstreit). Die Melker Reform (1418–1425) brachte eine Erneuerung des benediktischen Ordenslebens im süddeutschen Raum. 1517 kam dann mit dem Wittenberger Mönch Martin Luther

(1483–1546), der Materialismus und sittlichen Verfall anprangerte, offizielle Kritik aus den eigenen Reihen, was die Reformationsbewegung mit Jahrzehnten der Glaubenskriege nach sich zog. Mit dem Dreißigjährigen Krieg (1618–1648) und dem Spanischen Erbfolgekrieg (1701–1714), begleitet von Hunger und Pest, folgten weitere Schicksalsschläge.

Wieder rappelten sich die Klöster auf. Ab Ende des 17. und insbesondere im 18. Jahrhundert kam es zu einer neuen Hochblüte, wobei die führenden Baumeister, Stuckateure, Maler und Bildhauer der Epoche den Klosterkirchen jene Barock- und Rokokogestalt verliehen, wie wir sie bis heute bewundern können.

Mit der Säkularisation von 1803 unter Kurfürst Max IV. Joseph und seinem Minister Montgelas schlug für das bayerische Ordensleben dann unweigerlich die letzte Stunde. Die Prälatenklöster wurden aufgelöst, das Vermögen zugunsten des Staats enteignet, Gold- und Silbergegenstände eingeschmolzen, Klostergebäude abgebrochen oder ebenso wie die weitläufigen Ländereien verkauft, Bücher und Handschriften eingestampft bzw. in die Hofbibliothek verbracht; zahlreiche Kunst- und Kulturschätze gingen damals unwiederbringlich verloren. Die wertvollen Klosterkirchen überlebten ihre Einschlagung nur dadurch, dass man sie zu Pfarrkirchen erklärte. Nur wenige, als Aussterbeklöster deklarierte Konvente, blieben von der Aufhebung verschont.

Kloster Benediktbeuern von Süden mit altem Obstgarten.

Dass es heute immer noch bzw. wieder Klöster in Bayern gibt, ist vor allem König Ludwig I. (1825–1848) zu danken. Entsprechend dem Konkordat zwischen dem Heiligen Stuhl und dem Königreich Bayern von 1818 wurden unter Ludwig I. einige der alten Klostergemeinschaften wiederhergestellt bzw. neue gegründet.

Klosteraktivitäten gestern und heute

Während die Stifte meist dem Adel vorbehalten waren, konnten in den Klöstern auch Mitglieder unterer Schichten Schule und Studium absolvieren und so oftmals eine persönliche Karriere starten. Außerdem standen viele Bauern und Handwerker in Klosterdiensten, was einen sicheren Lebensunterhalt für sie und ihre Familien gewährleistete. Nicht umsonst hieß es: »Unterm Krummstab ist gut leben.«

Neben dem Streben nach Gott und dem Seelenheil zeigte man sich in den Klöstern auch offen für weltliche Belange. Befassten sich im frühen Mittelalter die Mönche und Nonnen noch überwiegend mit dem Abschreiben und Ausschmücken theologischer Werke, wurden sie im Lauf der Jahrhunderte zunehmend auf künstlerischem, kulturellem und wissenschaftlichem Sektor tätig. Man pflegte in den Klöstern Malerei, Goldschmiedearbeit, Dichtkunst, Geschichtsschreibung, Astronomie und anderes mehr. Die großen, gelehrten Pröpste und Äbte ließen naturwissenschaftliche Geräte bauen, legten umfangreiche Bibliotheken und wertvolle Kunstsammlungen an, errichteten prächtige Kirchen, förderten Musik und Theater.

Über 600 Jahre, vom 8. bis zum 13. Jahrhundert, oblag den Klöstern auch die medizinische Versorgung der Bevölkerung. Die dafür benötigten Heilpflanzen zogen Mönche und Nonnen in eigenen Kräutergärten, von denen manche nach wie vor existieren bzw. nach alten Vorlagen wieder angelegt wurden. Und die alten Klosterhandschriften über Rezepturen zur innerlichen und äußerlichen Anwendung stellen heutzutage, im Zeitalter der Wiederentdeckung von Naturheilkunde und sanfter Medizin, eine wahre Fundgrube dar.

Längst ist der Staat für Wissenschaft und Lehre zuständig, und nur noch wenige bayerische Klöster unterhalten Schulen und Internate. Auch mangelt es generell an Ordensnachwuchs. Damit die Klostergebäude nicht leer stehen und Geld in die Kassen kommt, haben sich manche Klöster dem breiten Publikum geöffnet und bieten Veranstaltungen an. Das Spektrum reicht dabei von Kursen und Seminaren geistlicher und weltlicher Art bis hin zu Einkehrtagen und Urlaub im Kloster, wobei gestressten Alltagsmenschen durch die Teilnahme am klösterlichen Leben und Gebet die Möglichkeit geboten wird, die inneren Batterien wieder aufzuladen. Auch die heute meist stillgelegten, oft mehrere Jahrhunderte alten Klosterökonomiegebäude sucht man zeitgemäß durch Vermietung oder Verpachtung – im Idealfall als Klostergaststätte – zu nutzen bzw. mit dem Erlös aus Konzertveranstaltungen, Märkten und sonstigen Events zu erhalten.

Kräuterbuschen gehören zum Fest Mariä Himmelfahrt (15. August).

Im Missionsmuseum von St. Ottilien.

Bei den meisten Orden gibt es Männer- und Frauengemeinschaften.

Bayerische Ordensvielfalt

Augustinerchorherren

Zusammenschluss von Kanonikern (Priestern) eines Dom- oder Stiftskapitels. Ausgerichtet nach der Augustinusregel, der ältesten abendländischen Ordensregel, welche auf den heiligen Augustinus (354–430) zurückgeht. Nach einer Reform und Teilung innerhalb der Klöster im 11./12. Jahrhundert entstanden so genannte regulierte Chorherrenstifte.

Benediktiner

Ältester noch bestehender abendländischer Mönchsorden (auch Benediktinerinnen). Erstes Kloster um 529 auf dem Monte Cassino. Gegründet vom heiligen Benedikt (480–550); nach ihm benannte Benediktusregel mit dem Grundsatz »ora et labora« (bete und arbeite). Die Benediktiner waren für Landeskultivierung, Schulwesen und wissenschafliche Tätigkeit in Bayern von hervorragender Bedeutung. Missionsbenediktiner(innen) widmen sich insbesondere der Missionsarbeit.

Prämonstratenser

Nach dem Wanderprediger Norbert von Xanten, der 1120 das Kloster Prémontré/Frankreich gründete. Ordensleben auf der Grundlage der Augustinusregel.

Salesianer

Gründer Don Bosco (1815–1888), Turin. Gab seiner Gemeinschaft eine moderne Organisationsform und stellte sie vor allem in den Dienst seines sozialen Jugendwerks. Der Orden kennt kein spezielles Habit.

Salesianerinnen

Zurückgehend auf eine 1610 von Franz von Sales und Johanna Franziska von Chantal gegründete Ordensgemeinschaft. Auf der Grundlage der Augustinusregel insbesondere karitative und apostolische Aktivitäten.

Franziskaner

Auch Minoriten oder Barfüßer genannt. Zählt zu den so genannten Bettelorden. Nach der Ordensregel des heiligen Franz von Assisi (1180–1226) lebende Gemeinschaft. Männer- und Frauenklöster.

Dominikaner

Bettelorden, auf Dominikus Guzman (um 1170–1221) zurückgehend. Hauptanliegen: Predigt und Seelsorge. Männer- und Frauenklöster.

Zisterzienser

Nach dem asketischen Gründer Robert, der sich 1198 mit einigen Mitbrüdern nach C´i`iteaux (= Zisterz, Zisterzienser) zurückzog. Aufstieg zu führendem Orden durch den heiligen Bernhard von Clairvaux (um 1090–1153). Ende des 13. Jahrhunderts über 300 Mönchs- und noch mehr Nonnenklöster in Europa.

In den Klostergärten wurden früher Heilpflanzen angebaut.

1 KLOSTER SCHEYERN
Das Kloster an Stelle der wittelsbachischen Stammburg

ANFAHRT
Auto: Nürnberger
Autobahn A 9,
Ausfahrt Pfaffenhofen
a. d. Ilm, über Pfaffen-
hofen nach Scheyern
und Kloster Scheyern.
Zug: Zielbahnhof
Pfaffenhofen a. d. Ilm,
Bus nach Scheyern.

AUSGANGSPUNKT
Kloster Scheyern,
Klosterschenke;
Parkplatz.

GEHZEIT
Etwa 1 1/2 Stunden.

CHARAKTER
Eben bis leicht wellig,
überwiegend sonnige
Naturwege.

KARTE
(1:50 000) Bayer.
Landesvermessungs-
amt, L 7534 Pfaffen-
hofen a. d. Ilm.

*Seite 10/11 : Ehemaliges
Augustinerchorherren-
stift Höglwörth.*

Das Benediktinerkloster Scheyern hat in seinen Anfängen eine kleine Odyssee erlebt: Von der wittelsbachischen »Ahnfrau« Gräfin Haziga von Scheyern um 1080 zunächst nach Bayrischzell gestiftet, etablierte es sich über Fischbachau und den Petersberg bei Dachau schließlich 1119 endgültig an der Stelle der Stammburg der Scheyern (Schyren), die sich zu dieser Zeit bereits nach ihrem neuen Wohnsitz von Wittelsbach nannten, ihre Grablege jedoch bis 1253 in Scheyern hatten. Ein spektakulärer Ort also inmitten der mit Ausnahme großer und zahlreicher Hopfenfelder landschaftlich eher unspektakulären Holledau – einem Landstrich, in dem es sich gerade deshalb ruhig und beschaulich wandern lässt.

Die Wanderung

Zunächst einmal orientieren wir uns in Richtung Brauhaus und gehen gegenüber davon das Sträßchen Schöneck (»BOS«) hinein. Vorbei am Gebäude der Berufsoberschule biegen wir schnell halb rechts in den leicht bergab führenden Waldweg ein, auf dem wir zu den Klosterweihern gelangen. (In dem links gelegenen gedeiht die so genannte Wassernuss = einziger natürlicher Standort dieser Pflanze in Mitteleuropa.) Geradeaus auf das alte Klostergut (Prielhof, 1758 errichteter Meierhof) zu und nach dem linker Hand stehenden neueren großen Stadel rechts auf einem Feldweg an der Rückseite des Prielhofs entlang und abwärts durch Streuobstwiesen zu einer Weiherkette. Ein schmaler Wiesenweg führt nach links an dieser entlang, bis wir nach etwa einem Kilometer rechts in die Straße nach Unterschnatterbach einfädeln.

Veranstaltung »Kunst im Gut« im historischen Prielhof von Kloster Scheyern.

KLOSTER-SPECIALS

- Patrozinium 15. August; Hauptwallfahrtsfeste Sonntag nach bzw. vor dem 3. Mai und 14. September
- Heiligkreuzritt an Christi Himmelfahrt
- Kirchenführungen mit anschließender Tonbildschau jeden Sonn- und Feiertag 15 Uhr
- Klosterladen
- Kirchenkonzerte
- Jahreskrippe
- Schnuppertage im Kloster
- Tagungshaus mit spirituellem Veranstaltungsangebot
- Exkursionen und vielfältige Events auf dem Prielhof (z. B. Konzerte, Verkaufsausstellungen, Hopfazupfa-Jahrtag)
- Brauereiführungen
- Christkindlmarkt (1. Advents-Wochenende)
- Krippenausstellung (Kapitelkirche) Info: Benediktinerabtei 85290 Kloster Scheyern, Tel. 0 84 41/75 20; www.klosterscheyern.de

Vor dem letztem Haus (Nr. 2, Fassadenmalerei) auf der rechten Seite knicken wir nach rechts in den anfangs geteerten Weg ab und wandern auf ihm geradeaus (durch den Hof des Anwesens) zu einem sanften Wiesenbuckel hinauf, wo wir am Waldrand auf eine kleine Wegekreuzung treffen. Hier geht's auf dem Höhenrücken nach rechts weiterhin durch Wiesen und Felder mit freier Sicht und, an einer Gabelung rechts haltend, zur Einmündung in die Fahrstraße Scheyern – Vieth. Gegenüber spazieren wir auf dem Feldweg geradeaus, bis wir nach etwa zehn Minuten auf einem schmalen Wiesenweg nach rechts abwärts den Scheyerner Kirchturm ansteuern. Im Ort die Fahrstraße überqueren und auf der Straße Hohlweg zum Klosterberg hinauf, wo wir beim Friedhof herauskommen. Nach rechts und an der Klostermauer entlang erreichen wir wieder den Ausgangspunkt bzw. den Einlass in den Klosterhof.

Benediktinerabtei Scheyern

Wie bereits zuvor in Fischbachau und auf dem Petersberg erbauten die Mönche ab 1119 in Scheyern Kirche und Kloster nach dem so genannten Hirsauer Schema. Ein Teil der Schyrenburg wurde abgerissen und das Kloster so nach Osten ausgerichtet, dass die Kapitelkirche mit der Wittelsbacher Grablege in die Nähe der bisherigen Begräbnisstätte und der Burgkapelle kam. An Stelle der alten Marienkirche errichtete man eine romanische Basilika, die zweimal abbrannte. Die Anlage der 1215 geweihten zweiten Klosterkirche – ein dreischiffiger, querschiffloser Bau – ist, inklusive Turm, in der heutigen Abtei- und Pfarrkirche Mariä Himmelfahrt und Heilig Kreuz zwar grundlegend erhalten geblieben, jedoch wurde das Gotteshaus im 16. und 18. Jahrhundert weitgehend verändert. An die Seitenschiffe angegliedert: die Heilig-Kreuz- und die St.-Martins-Kapelle. 1440/50 hat man an Stelle der südlichen Apsis eine zweigeschossige Sakristei eingebaut – die jetzige Königskapelle.

Der Innenraum der Scheyerner Klosterkirche ist weitgehend das Resultat der Umgestaltung von 1768–1770: Wessobrunner Stuck von Ignaz und Joseph Anton Finsterwalder, neuere Fresken von Otto Hämmerle (1923), unter der Empore ein aufgedecktes Freskenfragment von Johann Georg Dieffenbrunner (1770), in der Martins- und Kreuzkapelle Frührokokostuck und Fresken von Melchior Puchner (1738). Der monumentale Hochaltar mit dem Gemälde »Mariä Himmelfahrt« von Christian Wink entstand um 1770, ebenso die Seitenaltäre (außer Marien- und Kreuzaltar); die Heiligenfiguren am Choreingang schnitzte Ignaz Günther (1765); das Kreuz gegenüber der Kanzel stammt aus dem 17. Jahrhundert, dazu Mater dolorosa 18. Jahrhundert; beachtenswert auch die spätgotische Madonna (1467) am Liebfrauenaltar.

Nach wie vor gern besuchtes Scheyerner Wallfahrtsziel ist das byzantinische Kreuzreliquiar in der Heilig-Kreuz-Kapelle. Das verehrte Holzstück vom Kreuz Christi aus Jerusalem, das die Grafen von Dachau in der Zeit der

Blick durch das Mittelschiff der Abtei- und Pfarrkirche Scheyern zum monumentalen Rokoko-Hauptaltar.

Kreuzzüge an sich brachten, kam 1180 nach Scheyern, als man den Letzten dieses Geschlechts hier begraben hat (Gedenkplatte jenseits des Zugangsportals zum Kreuzgang).

Der Kreuzgang (13.–18. Jahrhundert) ist in seiner ursprünglichen Form erhalten und zeigt trotz Stuck und anderen zeitlichen Eingriffen im Ganzen noch ein gotisches Gepräge. Vom 16. Jahrhundert bis 1937 fanden in diesem Kreuzgang die Mönche des Klosters ihre letzte Ruhestätte.

Die Johannes- oder Kapitelkirche hingegen war bis ins 13. Jahrhundert Grablege der Wittelsbacher, und noch heute finden wir am Eingang das wieder errichtete Hochgrab mit Deckplatte von 1624. Eingelassen in die Ostwand des Chorraums ist ein spätgotisches Sandsteinrelief von Hans von Pfaffenhofen (1514), und an den Seitenwänden erzählen die so genannten Fürstenbilder (1624/25 nach Originalen Mitte 14. Jahrhundert) aus der Vergangenheit Scheyerns und des Hauses Wittelsbach.

Fehlt noch die Königskapelle, so genannt, weil hier 996 die Verlobung König Stephans von Ungarn mit der bayerischen Prinzessin Gisela stattgefunden haben soll. Darin: frühgotischer Christus auf dem Palmesel, zwei Statuen: König Stephan I. (1770) und Kaiser Heinrich II. (um 1600); ferner Bild »Mariä Himmelfahrt« (1642) von Thomas Holzmair sowie neuerer Fügelaltar.

Und was geschah mit Scheyern nach 1803? Nach einer Interimszeit von 35 Jahren, in denen das säkularisierte Kloster fünfmal den Besitzer wechselte, wurde es 1838 erneut mit Benediktinern besetzt. Neben ihrem Leitspruch »kulturell und spirituell« sind die Scheyerner Mönche heute auch wirtschaftlich voll »up to date«: Sie betreiben selbst bzw. durch Pächter eine Klostermetzgerei, eine Biogärtnerei, die Klosterbrauerei samt Gaststättenbetrieb, ein Wohnheim für die Besucher der Staatlichen Berufsoberschule, einen klostereigenen Forstbetrieb und das traditionelle Klostergut Prielhof.

Die Abtei- und Pfarrkirche wurde 1980 zur »Basilica minor« erhoben.

Kloster Scheyern, ein markanter Blickpunkt in der Landschaft.

KLOSTERSTUB'N SCHEYERN

Die Scheyerner Klosterstub'n (mit Hotelbetrieb) bestehen aus Bräustüberl und Klosterschenke mit Biergarten. Wie bei der Abtei, so gehen auch hier Traditionelles und Neuzeitliches Hand in Hand. Auf der Speisekarte finden sich vor allem schmackhafte regionale Gerichte – und das Bier kommt natürlich aus der Klosterbrauerei gleich schräg gegenüber. *Klosterstub'n Scheyern*, Schyrenplatz 1, 85290 Scheyern, Tel. 0 84 41/2 78 90; ganzjährig täglich geöffnet.

2 KLOSTER ALTOMÜNSTER
Zur Quelle und Zelle des heiligen Alto

ANFAHRT
Auto: Stuttgarter
Autobahn A 8 bis Aus-
fahrt Adelzhausen,
über Tödtenried,
Kiemertshofen nach
Altomünster.
S-Bahn: Linie 2 A
Dachau– Altomünster.

AUSGANGSPUNKT
Altomünster,
Marktplatz; parken
am Bahnhof oder im
Ortszentrum.

GEHZEIT
Etwa 2 Stunden.

CHARAKTERISTIK
Überwiegend ebene
Teerstraßen und
Naturwege, teils
schattig, teils sonnig.

KARTE
(1:50 000) Bayer.
Landesvermessungs-
amt, Umgebungskarte
München-West.

Hoch über dem sich zu ihren Füßen drängelnden Markt Altomünster erhebt sich die barocke Turmfassade der Pfarr- und Klosterkirche St. Alto und St. Birgitta. Ein markantes Wahrzeichen weit ins hügelige Wiesen-und-Wald-Land hinein, das wie geschaffen ist für stille, erholsame Wanderungen. Zusätzlich zum sakralen Kunstgenuss erwarten uns in Altomünster gleich zwei traditionelle Braugaststätten.

Die Wanderung

Wir starten am Marktplatz, gehen die Herzog-Georg-Straße, später die

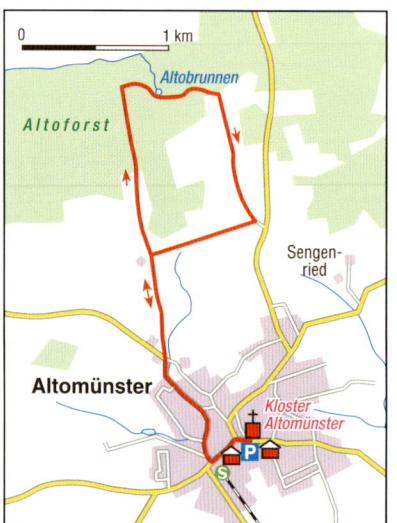

Dr.-Lang-Straße hinein und biegen dann rechts in die Thalangerstraße ab. Sie führt uns aus dem Ort hinaus, und an der Straßeneinmündung entdecken wir rechts das Schild »Altoquelle«. (Eigentlich müsste es »Altobrunnen« heißen, denn die überlieferte Altoquelle befindet sich unter dem Altoaltar in der Klosterkirche.) Wir folgen diesem Hinweis zunächst noch auf Teerbelag geradeaus durch Wiesen (vorbei an einer originellen, am Boden installierten Sonnenuhr) und dann auf einem Naturweg in den Wald hinein. Die Route ist ausgeschildert und mit blauem Pfeil auf

Hoch überragt der schlanke Turm der Kloster- und Pfarrkirche St. Alto und St. Birgitta den Ort Altomünster.

KLOSTER-SPECIALS
• Patrozinium 9. Februar und 23. Juli
• Kirchenführungen nach Anmeldung
Info: Kath. Pfarramt, 85250 Altomünster, Tel. 0 82 54 / 82 35

Holzpalisaden markiert, macht später im Wald einen Rechtsbogen und landet schließlich jenseits eines Bachgrabens am Altobrunnen mit Rastbänken und einer Skulptur des Heiligen.

Weiter geht's am Brünnlein vorbei kurz geradeaus leicht ansteigend und dann auf schmälerem Weg bis zur Einmündung in ein Forststräßchen. Auf diesem wandern wir nach rechts, verlassen den Wald und knicken bei der nächsten Pfeilmarkierung erneut nach rechts ab. Entlang einem kurzen Waldlehrpfad erreichen wir wieder unseren Herweg, auf dem wir links in den Ort zurückkehren.

Ziel der Wanderung ist der Altobrunnen im Altoforst.

Birgittenkloster Altomünster

Der Legende zufolge soll im 8. Jahrhundert der irische Mönch Alto an der Stelle der heutigen Kirche eine Quelle entdeckt und ein erstes Kloster gegründet haben. Seine Hirnschale sowie das Messer, mit dem er den Wald gerodet haben soll, werden heute noch als Reliquien verehrt. Ab Mitte des 11. Jahrhunderts Benediktiner- bzw. Benediktinerinnenkloster, erfolgte 1485 eine Neustiftung als Doppelkloster der Birgitten, einer schwedischen Ordensgemeinschaft. Mönche und Nonnen lebten und beteten also einstmals gemeinsam, wenn auch sorgsam getrennt, im Kloster Altomünster. Bis zur Säkularisation 1803, wonach das Mönchskloster ganz erlosch; der Nonnenkonvent wurde 1841 neu aktiviert. Heute lebt allerdings nur noch eine Handvoll Birgitten – in weitgehender Abgeschiedenheit – dort. Die ehemaligen Klostergebäude werden überwiegend anderweitig genutzt.

Bei der Pfarr- und Klosterkirche St. Alto und St. Birgitta von einem wahren Kleinod zu sprechen, ist seit der Renovierung Anfang 2000 nicht zu hoch gegriffen. Den heutigen, lichten Neubau schuf 1763–1773 kein Geringerer als Johann Michael Fischer, seines Zeichens der bedeutendste altbayerische Baumeister. In der Lourdes-Grotte wurde die Altoquelle wieder der Öffentlichkeit zugänglich gemacht. Die Deckenfresken von Joseph Mages erzählen die Entstehungsgeschichte von Kloster und Kirche. Der Altoaltar neben der Kanzel stammt, wie alle übrigen Altäre, aus der Werkstatt Johann Baptist Straubs. Das Besondere an Altomünster: Der Altarraum erstreckt sich über zwei Stockwerke (im oberen versenkbare Altarbilder von Ignaz Baldauf vor den Schreinen verehrter Katakombenheiliger); dahinter verbergen sich Mönchs- und Nonnenchor. Letztere kann man allerdings nur bei einer vorher vereinbarten Führung besichtigen – es lohnt sich.

MAIERBRÄU / KAPPLERBRÄU

Im Jahre 1496 verlieh Herzog Georg der Reiche dem Kloster das Braurecht, und bis auf den heutigen Tag gibt es in Altomünster gleich zwei Privatbrauereien: den Maier- und den Kapplerbräu. Seit 1886 hat man sich beim Maierbräu nun schon in der fünften Generation dem Bierbrauen und Gastgewerbe verschrieben. Das Gebäude des nur wenige Meter entfernten Kapplerbräu geht bis auf die Mitte des 16. Jahrhunderts zurück. In beiden Bräustätten erwarten den Gast behagliche Räumlichkeiten, eine gute bayerische Küche – und natürlich das hauseigene Bier. (Besuchenswert: das Kapplerbräu-Brauereimuseum.)
Brauereigasthof Maierbräu, Marktpl. 2, 85250 Altomünster, Tel. 0 82 54/12 79; Dienstag Ruhetag, im Februar geschlossen.
Brauereigasthof Kapplerbräu, Nerbstraße 8, 85250 Altomünster, Tel. 0 82 54/7 77; Montag Ruhetag, im Februar geschlossen.

3

KLOSTER INDERSDORF
»Festsaal des Rokoko« südlich der Glonn

ANFAHRT
Auto: Stuttgarter
Autobahn A 8,
Ausfahrt Dachau
oder Sulzemoos und
weiter nach Markt
Indersdorf.
S-Bahn: S 2 A Dachau
– Altomünster.

AUSGANGSPUNKT
Kloster Indersdorf,
Marienplatz; parken
hier oder in der
näheren Umgebung.

GEHZEIT
Etwa 2 1/2 Stunden.

CHARAKTER
Ebene und sonnige
Wanderung, meist
auf Teerstraßen und
-sträßchen.

KARTEN
(1:50 000) KOMPASS
Nr. 190 Augsburg,
Dachau, Fürstenfeld-
bruck; Bayer. Landes-
vermessungsamt,
Umgebungskarte
München-West.

Die beiden hohen und wuchtigen Spitztürme signalisieren auf den ersten Blick, dass Indersdorf einmal ein bedeutendes Kloster war. Dies ist zwar schon geraume Zeit her, geblieben ist jedoch das künstlerische Erbe vergangener Epochen. Nach einem Besuch im »Festsaal des Rokoko«, wie der Führer das Innere der Klosterkirche bezeichnet, starten wir zu einer gemütlichen Rundwanderung übers flache, bäuerlich geprägte Land südlich der Glonn.

Die Wanderung

Wir beginnen die Tour am Marienplatz und gehen durch die Tordurchfahrt. Entlang der Ludwig-Thoma-Straße laufen wir ortsauswärts, bis nach rechts die Cyclostraße abzweigt. Auf dieser wandern wir durch den Ortsteil Engelbrechtsmühle und nach den letzten Häusern in die erste Teerstraße rechts nach Zillhofen mit großem Reiterhof.

Geradeaus weiter bis kurz vor die Einmündung in die Fahrstraße, rechts ab und, weiterhin auf Asphalt, über freies Land und vorbei an den Anwesen Breitenwiesen und Daxberg bis zu einer T-Kreuzung. Auf der Fahrstraße kurz rechts und gleich wieder links, dem Schild »Gut Häusern/Golfplatz« folgend. Im Golfgelände halten wir uns dann an der Gabelung rechts, auf Straßbach zu.

Typisch Rokoko: Putten und Rocaille-Ornamentik.

Die Westtürme der Indersdorfer Kirche entstanden teilweise bereits im 13./14. Jahrhundert.

KLOSTER-SPECIALS
- Patrozinium
  15. August
- Kirchenführungen
  Mai bis September
  Sonntag 14–16 Uhr
- Kirchenkonzerte,
  Theater- und Konzertaufführungen
  im ehem. Refektorium

Info: Kath. Pfarramt, 85229 Markt Indersdorf, Tel. 0 81 36 / 80 96 27

Geradeaus durch den kleinen Weiler und auf der querenden Fahrstraße kurz nach links. Dann orientieren wir uns an dem Schild »Frauenhofen«, das uns rechts auf einen Feldweg leitet, auf dem wir durch Wiesen und ein Waldstück weiterwandern. An der Weggabelung auf Höhe von Frauenhofen halten wir uns rechts, überqueren später die S-Bahnschienen und landen an der Fahrstraße Richtung Markt Indersdorf. Auf dem parallel verlaufenden Fuß-/Radweg nach rechts in den Ortsteil Karpfhofen und mit der Ludwig-Thoma-Straße zurück zum Ausgangspunkt.

Ehem. Augustinerchorherrenstift Indersdorf

1120 von Pfalzgraf Otto V. von Wittelsbach als Sühnekloster gegründet und 1126 mit Augustinerchorherren besiedelt, bekam Kloster Indersdorf schon früh reichen Grundbesitz übereignet. 1264 entstand eine erste Klosterkirche, deren Mauern in der jetzigen Pfarrkiche Mariä Himmelfahrt fortbestehen. Mitte des 18. Jahrhunderts wurde ihr das herrliche Rokokokleid übergestreift. Man beachte vor allem die Fresken aus dem Leben des heiligen Augustinus von Matthäus Günther und dessen Schüler Johann Georg Dieffenbrunner, den Stuck von Franz Xaver Feichtmayr, die Altäre, darunter Hochaltar mit Gemälde des Münchner Hofmalers Andreas Wolff. Lassen Sie sich Zeit bei der Besichtigung, und ziehen Sie den Kirchenführer zu Rate.

Aufgrund seiner schlechten wirtschaftliche Lage wurde das Augustinerchorherrenstift bereits 1783 aufgehoben. 1784–1831 wirkten Salesianerinnen in Kloster Indersdorf, ab 1856 Barmherzige Schwestern des heiligen Vinzenz von Paul, die sich der Jugendbetreuung widmeten. 1938 mussten sie der nationalsozialistischen Volkswohlfahrt weichen, die 1945 von der UNRRA abgelöst wurde. 1949 kehrten die Schwestern wieder zurück, erwarben 1952 das Kloster und widmeten sich erneut der Jugendarbeit. 1987 schließlich übertrug die Kongregation aus personellen Gründen den gesamten Klosterkomplex der Erzdiözese München-Freising.

KLOSTERGASTSTÄTTE INDERSDORF / GASTHOF FUNK
2005 kam das Aus für die Indersdorfer Klosterbrauerei, und auch die Klostergaststätte – mit hübschem Biergarten – hat schon bessere Tage gesehen (soll sie jedoch bald wieder erleben.) Als Alternative bietet sich der Gasthof Funk an. *Klostergaststätte*, Marienplatz 12, 85229 Markt Indersdorf, Tel. 0 81 36/58 22; Donnerstag Ruhetag. *Gasthof Funk*, Ludwig-Thoma-Str. 32, 85229 Markt Indersdorf, Tel. 0 81 36/1200; Mittwoch Ruhetag, im August geschlossen.

KLOSTER FÜRSTENFELD

4

Entlang der Amper nach Schöngeising

ANFAHRT
Auto: Fürstenfeldbruck
liegt am Schnittpunkt
von B 2 München –
Augsburg und B 471
Dachau – Inning
a. Ammersee.
S-Bahn: S 8 bis
Fürstenfeldbruck;
Rückfahrt evtl. S 8 ab
Schöngeising.

AUSGANGSPUNKT
Fürstenfeldbruck;
Großparkplatz vor
dem Veranstaltungs-
forum an der Fürsten-
felder Straße.

Auf des Fürsten Feld in den Amperauen – durch die unsere Wanderung führt – ließ der Wittelsbacher Herzog Ludwig II., der Strenge, 1263 zur Sühne ein Zisterzienserkloster errichten, nachdem er seine erste Gemahlin Maria von Brabant fälschlich der Untreue bezichtigt und hinrichten hatte lassen. Das Kloster ist erloschen; die verbliebenen Gebäude wurden Anfang 2000 renoviert und veranschaulichen im Verbund mit dem Veranstaltungsforum, wie sich ein ehemaliges Kloster gekonnt zu neuzeitlichem Leben erwecken lässt.

Die Wanderung

Als Erstes bietet sich eine Besichtigung der ehemaligen Klosterkirche an. Danach gehen wir beim Klosterstüberl durch den Torbogen, über die Amperbrücke, wenden uns auf der Straße nach links, unterqueren die S-Bahn und biegen nach rechts in die Zellhofstraße ab. Auf der so genannten Amperleiten wandern wir nun in einigem Abstand zum Fluss zunächst im Baumschatten und dann durch Wiesen und Felder dahin. Gleich nach dem Teich des schön renovierten Zellhofs rechts auf den schmalen Wiesenweg und am Ufer entlang zur Amperbrücke. Diese und auch die

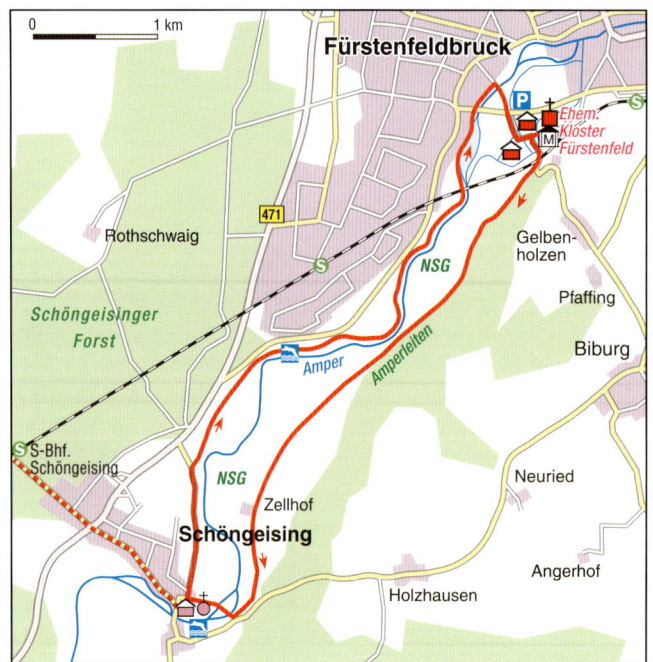

nächste überqueren und auf der Kirchstraße, vorbei an der Schöngeisinger Kirche, zum Gasthof zum Unter'n Wirt mit Biergarten und Badeplatz.

Schöngeising ist ein sehr alter Siedlungsort. In der Umgebung hat man Gräber aus der Zeit um 2000 v. Chr. gefunden. Hier überquerte einst die wichtige Römerstraße Augsburg – Italien die Amper. Zum Schutz dieses Übergangs errichteten die Römer einen kleinen Stützpunkt, an dem sie sich auch den Luxus eines Bades gönnten. Die Pfarrkirche St. Johannes Baptist mit ihrem bayerisch-barocken Zwiebelturm wurde 1683 erbaut und 1861 neu ausgestattet.

Die Kirchstraße mündet in die Brucker Straße. (Am Haus Nr. 11 rechts schräg vor uns erinnert eine Gedenktafel an den herzoglich-bayerischen Hofkapellmeister Orlando di Lasso, der hier 1587–1594 ein von Herzog Wilhelm V. geschenktes Landhaus bewohnte.) Wem eine Zwei-Stunden-Wanderung reicht, der wendet sich auf der Brucker Straße nach links und dann rechts in die Amperstraße (zwei Kilometer zum S-Bahnhof). Wer auch die andere Amperseite erwandern möchte, geht zunächst ein paar hundert Meter auf der Brucker Straße nach rechts, ortsauswärts, und biegt dann in den zweiten rechts ableitenden Wiesenweg (NSG) ein. Geradeaus zu einem Wäldchen und bei der ersten Gelegenheit rechts hinunter zum Fluss. Romantisch spaziert man am unverbauten Ufer entlang, wo sich immer wieder Freibadeplätze auftun. Nach einem kurzen Treff mit der Fahrstraße knicken wir sofort wieder nach rechts ab und wandern entlang einer Wiese erneut in den Auwald hinein. Wir passieren ein Freizeitgelände mit Parkplatz und laufen auf dem schattigen Uferweg weiter. Später geht es unter der S-Bahnbrücke durch, und kurz darauf sieht man am anderen Amperufer bereits wieder den Turm der Fürstenfelder Kirche aufragen. Wir unterqueren die Straße,

GEHZEIT
2–3 Stunden ab Klosterhof.

CHARAKTERISTIK
Außerhalb der Ortschaften Naturwege, eben und meist schattig.

BADEN
In der Amper.

KARTEN
(1:50 000) KOMPASS Nr. 190 Augsburg, Dachau, Fürstenfeldbruck; Bayer. Landesvermessungsamt, Umgebungskarte München-West.

Die Fürstenfelder Gartentage im Juni ziehen immer besonders viele Besucher an.

KLOSTER-SPECIALS
- Patrozinium 15. August
- Kirchenführungen nach Anmeldung
- Klosterladen
- Kirchenkonzerte
- Kulturelle und andere Events im Veranstaltungsforum (z. B. Konzert- und Theateraufführungen, Gartentage, Weihnachts-, Oster-, Töpfermarkt usw.)
Info: Kath. Pfarramt Fürstenfeldbruck-St. Magdalena, 82256 Fürstenfeldbruck, Tel. 0 81 41 / 5 01 60. – Veranstaltungsforum, 82256 Fürstenfeldbruck-Fürstenfeld, Tel. 0 81 41 / 66 65-140 www.fuerstenfeld.de

überqueren die Amper, gehen die Klosterstraße nach rechts und die Fürstenfelder Straße nach links zum Parkplatz.

Ehem. Zisterzienserabtei Fürstenfeld

Rund um Fürstenfeldbruck gibt es viele Wanderwege.

Bei einem wittelsbachischen Haus- und Grabkloster durfte natürlich nicht gekleckert werden: Die Pläne des Neubaus (Kloster 1691–1703, Kirche 1700–1766) stammen von dem Münchner Hofbaumeister Giovanni Antonio Viscardi sowie Johann Georg Ettenhofer. Beeindruckend bereits von außen ist die kolossale fünfachsige Eingangsfassade zu zwei Geschossen. Erst 1780 war auch die Innenausstattung der 80 Meter langen Kloster- und heutigen Pfarrkirche Mariä Himmelfahrt fertig. Hier bestaunt der Besucher die Stuckarbeiten der Brüder Appiani, die Deckengemälde von Cosmas Damian Asam, Altäre, Bilder und Figuren von Egid Quirin Asam, Johann Nepomuk Schöpf, Franz Xaver Schmädl, Tassilo Zöpf, Thomas Schaidhauf, Andreas Wolff, Ignaz Baldauf … Auf Details kann an dieser Stelle leider nicht eingegangen werden; ziehen Sie den aufliegenden Kunstführer zu Rate oder nehmen Sie an einer Kirchenführung teil. Die beiden großen Figuren am Triumphbogen stammen von Roman Anton Boos und zeigen links den Klostergründer Herzog Ludwig II. und rechts dessen Sohn Kaiser Ludwig den Bayern, der ein besonderer Förderer der Abtei war. (Er starb ganz in der Nähe, bei Puch, im Jahre 1347 bei einem Jagdunfall; sein Herz wurde im Grab des Vaters in der Fürstenfelder Gruft beigesetzt.)

Nach der Säkularisation von 1803 sollte die Klosterkirche mit Kanonen dem Erdboden gleichgemacht werden. Dem beherzten Eingreifen der Fürsten-

Zwischen Schöngeising und Fürstenfeldbruck durchfließt die Amper eine schattige Auwaldzone – an heißen Sommertagen ideal zum Wandern, Baden und Schlauchbootfahren.

Die an der Amper gelegene Schöngeisiger Pfarrkirche wurde 1683 erbaut und bekam Mitte des 19. Jahrhunderts eine neue Innenausstattung.

FÜRSTENFELDER / KLOSTERSTÜBERL

Zwei Gaststätten mit Biergarten, die sich zwar allesamt im Klosterareal befinden, jedoch unterschiedlicher nicht sein könnten: Der Fürstenfelder – unter böhmischem Kappengewölbe aus dem 17. Jahrhundert im ehemaligen Kuhstall der Abtei etabliert – wendet sich vor allem an den Gast mit gehobeneren gastronomischen Ansprüchen (Bioland Restaurant). Das alteingesessene Klosterbräustüberl hingegen war und ist eine urige bayerisch-bürgerliche Einkehr, die gern von Wanderern und Radlern besucht wird. *Fürstenfelder Gastronomie GmbH,* 82256 Fürstenfeldbruck-Fürstenfeld, Tel. 0 81 41/66 65-4 00; Dienstag Ruhetag (Biergarten im Sommer geöffnet). *Klosterstüberl,* 82256 Fürstenfeldbruck-Fürstenfeld, Tel. 0 81 41/52 68 19; Montag Ruhetag, Mitte August bis Anfang September und Ende Dezember bis Mitte Januar geschlossen.

feldbrucker Bürger ist es zu verdanken, dass das Barockjuwel erhalten geblieben ist. 1816 avancierte Fürstenfeld zur königlichen Landhofkirche, und nach dem Ersten Weltkrieg kam das Staatsgut in den Besitz des Wittelsbacher Ausgleichsfonds. Von diesem wiederum pachtete 1923–1951 die Benediktinerabtei Ettal das Kloster. Heute gehört die einstige Klosterkirche zur Pfarrei Fürstenfeldbruck-St. Magdalena. Im Haupttrakt des Klosters befindet sich eine Polizeihochschule, und im Gebäude der einstigen Klosterbrauerei ist das Fürstenfeldbrucker Stadtmuseum untergebracht (geöffnet Dienstag bis Samstag 13–17 Uhr, Sonn- und Feiertage 11–17 Uhr).

KLOSTER ST. OTTILIEN
Ein autarkes benediktinisches Klosterdorf

ANFAHRT
S-Bahn: S 8 nach Geltendorf; Rückfahrt S 8 ab Türkenfeld.

AUSGANGSPUNKT
Bahnhof Geltendorf.

GEHZEIT
Etwa 1 1/4 Stunden, mit Variante nach Eresing etwa 2 1/2 Stunden.

CHARAKTER
Kurze, ebene S-Bahn-Wanderung auf Naturwegen und wenig befahrenen Teerstraßen, meist sonnig.

KARTEN
(1:50 000) KOMPASS Nr. 189 Landsberg a. Lech, Ammersee; Bayer. Landesvermessungsamt, Umgebungskarte München-West (unvollständig).

Es gibt Tage und Umstände, da will man nicht unbedingt das Auto hervorholen müssen, um zum Startpunkt einer kleinen Wanderung zu gelangen. Muss auch gar nicht sein, zumindest im Großraum München – nutzen wir also in so einem Fall den Vorzug der S-Bahn: An einem Bahnhof aussteigen, ein hübsches Ziel ansteuern – in diesem Fall Kloster St. Ottilien und Wirtshaus Emminger Hof – und dann zum nächsten S-Bahnhof weiterwandern und wieder heimfahren.

Die Wanderung

Die S 8 bringt uns nach Geltendorf. Vor dem Bahnhof wenden wir uns auf der Straße nach links und gehen später links durch die Unterführung. Gleich danach zweigt links ein Weg ab, der uns durch Wiesen und Felder und ein kleines Waldstück auf das weitum sichtbare Kloster St. Ottilien zuführt. Bei der Einmündung in die Fahrstraße nach links erreichen wir zunächst den Emminger Hof und spazieren dann auf dem Hauptweg zwischen Gaststätte und Klosterladen zur Kirche.

Wenn wir uns im Klosterdorf genügend umgesehen haben, setzen wir die Wanderung fort: Wer will, mit einem kleinen Abstecher nach Eresing: Neben dem Missionsmuseum entlang der hohen Mauer des Klostergartens abwärts und auf dem querenden Weg nach rechts. Bei der Einmündung am Waldrand links und geradeaus haltend durch Wald und Wiesen auf Eresing zu. Wenn man voraus die Neubausiedlung sieht, nach links abknicken und vorbei am Sportplatz über Emminger Straße und Pflaumdorfer Straße in

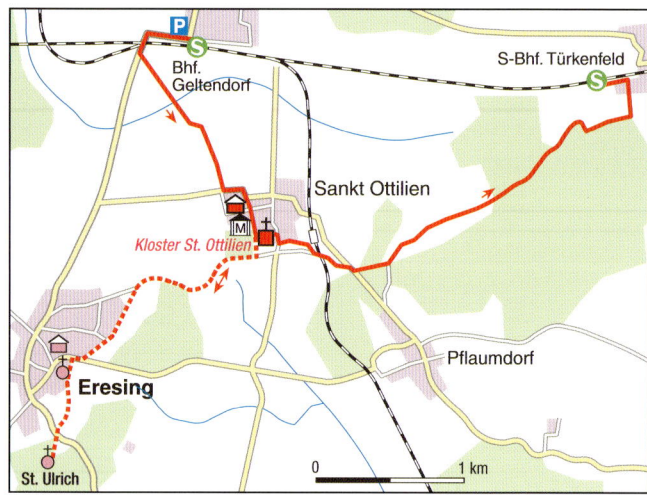

Seite 24: St. Ottilien: »Bayerns schönster Bahnhof«.

Ulrichsfest (4. Juli) an der gleichnamigen Kapelle nahe Eresing.

KLOSTER-SPECIALS
- Patrozinium 23. Juni
- Benediktusfest Sonntag nach dem 11. Juli
- Kirchenführungen nach Anmeldung
- Klosterladen
- Missionsmuseum (geöffnet täglich 10–12 Uhr und 13–17 Uhr)
- Einkaufsmöglichkeit im Hofladen und in der Gärtnerei
- Exerzitienhaus und Ottilienheim mit breitem Programmangebot an Einkehr- und Meditationstagen; Exerzitien und »Tage im Kloster«
- Kirchenkonzerte
- Vorträge, Konzerte (u. a. mit Abtprimas Notker Wolf an der E-Gitarre) und andere Veranstaltungen im »Rittersaal«
- Krippenausstellung (Advents- und Weihnachtszeit im Klosterladen)

Info: Erzabtei 86941 St. Ottilien, Tel. 0 81 93/7 10; www.ottilien.de

den Ort und zur Kirche. Auf der Kaspar-Ett-Straße links, danach gleich wieder links und dem Schild »Fußweg zur Ulrichskapelle« folgend auf einem Wiesenweg zwischen Hausgärtchen zur Fahrstraße hinaus; gegenüber am Waldrad steht die Ulrichskapelle mit heilkräftiger Quelle (Ulrichsfest mit Prozession und Jahrmarkt am 4. Juli). Auf dem gleichen Weg wieder zurück nach St. Ottilien.

Zum S-Bahn-Anschluss in Türkenfeld gelangt man folgendermaßen: Zunächst das Sträßchen zwischen Kirche und Exerzitienhaus hinein und dann im Rechtsbogen weiter, vorbei am Waldweiher links und an den Glashäusern der Gärtnerei rechts sowie wenig später am Jüdischen Friedhof, zum Bahnhof St. Ottilien. Der macht im Sommer mit seiner liebevoll gepflegten Blumenpracht dem Prädikat »Bayerns schönster Bahnhof« alle Ehre. Wir überqueren die Gleise und spazieren das Weglein geradeaus zur Fahrstraße hinauf. Kurz rechts, dann links in die Teerstraße Richtung »Türkenfeld« abbiegen. Geradeaus haltend wandern wir durch Wald und

Wiese nach Türkenfeld. Dort münden wir in die Ammerseestraße und erblicken auch schon den S-Bahnhof.

Benediktinerkloster und Erzabtei St. Ottilien

Während die Geschiche der meisten bayerischen Klöster bis ins Mittelalter zurückreicht, ist St. Ottilien eine relativ junge Klosteransiedlung. Zunächst einmal ist hier der Hof Emming beurkundet, der zum Herrschaftsbereich der Grafen von Dießen-Andechs gehörte, später an das Ministerialengeschlecht der Gryphonen im nahen Greifenberg übertragen wurde. Nach deren Aussterben kam Emming im späten Mittelalter und der frühen Neuzeit in die Hände zahlreicher wechselnder geistlicher und weltlicher Besitzer. Eine Wallfahrt zur heiligen Ottilia ist seit 1365 belegt. Im 16. Jahrhundert wurde Emming zu einem Herrensitz ausgebaut und im Anschluss an die Ottilienkapelle entstand ein kleines Schloss, das wie auch die Ottilienkapelle im 17. Jahrhundert barockisiert wurde. Wieder lösten sich mehrere geadelte Bürgerfamilien als Eigentümer von Gut und Schloss ab, bis der Besitz ab 1851 zerstückelt wurde.

Das Klosterdorf der Missionsbenediktiner St. Ottilien (hier von Osten) entwickelte sich aus bescheidenen Anfängen ab 1886 zur heutigen Erzabtei.

Jetzt erst treten die Benediktiner auf den Plan. 1886 erwarb Pater Andreas Amrhein den Weiler Emming samt Schlösschen, um der Gemeinschaft der Missionsbenediktiner hier eine Heimat zu geben, von welcher sie bis heute zu Missionstätigkeiten in Afrika und Ostasien ausziehen. Derzeit leben etwa 100 Mönche in dem weitgehend autarken Klosterdorf und widmen

Der Emminger Hof, die Klostergaststätte von St. Ottilien, ist nach dem einstigen Weiler Emming benannt. Neben Gaststuben und Wirtsgarten wird im Sommer vor allem der große Selbstbedienungsbiergarten gern besucht.

sich neben Gebet und Lehre (Exerzitienhaus, Gymnasium mit Internat und Tagesheim) gemäß der Benediktusregel auch der praktischen Arbeit: Landwirtschaft mit Ackerbau, Vieh- und Geflügelzucht sowie Metzgerei, Gärtnerei samt Obstanbau und Brennerei; dazu kommen Werkstätten wie Schlosserei, Installationsbetrieb, Landmaschinen- und Elektrotechnik, Schreinerei, Zimmerei, Schuhmacherei, Malerei, Schneiderei, Bäckerei, ferner eine eigene Feuerwehr und ein Druck- und Verlagshaus (EOS).

Die neugotische Abteikirche Herz Jesu (Architekt Hans Schurr aus München) mit dem massigen, 75 Meter hohen Turm entstand 1897–1899; eine hervorragend gelungene Neugestaltung im Innern erfolgte 1992–1994. Der hohe, lichte dreischiffige Raum mit Kreuzrippengewölbe, bunten Glasfenstern, zwei Orgeln und Hauptaltar in Form eines Ziboriumbaldachins nach altchristlichem Vorbild ist vorwiegend modern gestaltet, weist aber auch, insbesondere in den Seitenkapellen, einige bemerkenswerte gotische Skulpturen auf. 1993/94 wurde neben dem Hauptportal als stufenloser Zugang zur Kirche auch das ansprechende Atrium geschaffen.

Um die Spiritualität der Klosterkirche und der mönchischen Gemeinschaft St. Ottiliens ein wenig auf sich wirken zu lassen, empfiehlt es sich, der sonntäglichen Messfeier oder den geistlichen Gesängen der Stundengebete beizuwohnen.

Die barocke Ottilienkapelle, die noch das gotische Chorgewölbe erkennen lässt, ist nur im Rahmen einer Führung zugänglich. Im Hauptaltar sehen wir die Figur der Kirchenpatronin, die insbesondere bei Augenleiden angerufen wird. Im Gewölbe darüber schwerer Wessobrunner Stuck von Johann Schmuzer (1686).

EMMINGER HOF
Nach dem einstigen Weiler benannt ist die Klostergaststätte in St. Ottilien, die auch über größere Räumlichkeiten für Bustouristen verfügt. Wanderer bevorzugen die kleine, helle Gaststube oder die Terrasse oder, im Sommer noch lieber, den großen Biergarten mit Selbstbedienung. Die regionale Küche, die in handfesten Portionen auf den Tisch kommt, weiß man im Emminger Hof schmackhaft zuzubereiten; das Bier steuert u.a. die Klosterbrauerei Andechs bei. *Emminger Hof*, 86941 St. Ottilien, Tel. 0 81 93/52 38; ganzjährig täglich geöffnet.

KLOSTER ANDECHS
Vom Starnberger See über den Heiligen Berg zum Ammersee

ANFAHRT
S-Bahn: S 6 nach Possenhofen; Rückfahrt S 5 ab Herrsching.

AUSGANGSPUNKT
S-Bahnhof Possenhofen.

GEHZEIT
Knapp 3–4 Stunden.

CHARAKTERISTIK
Streckenwanderung auf Teerstraßen und Naturwegen, teils sonnig, teils schattig, bis auf den Abstieg durchs Kiental eben.

BADEN
Im Ammersee.

KARTEN
(1:50 000) KOMPASS Nr. 180 Starnberger, Ammersee; Bayer. Landesvermessungsamt, Umgebungskarte Ammersee, Starnberger See.

Seit 1455 leben Benediktinermönche auf dem Heiligen Berg. 2005, rechtzeitig zur 550-Jahr-Feier, konnten mehrjährige Renovierungsarbeiten abgeschlossen werden, sodass die weit über Deutschland hinaus bekannte und berühmte Andechser Klosterkirche wieder in Glanz und Gloria erstrahlt. Sie ist bis auf den heutigen Tag auch Ziel vieler Wallfahrten und neben Altötting der bedeutendste Wallfahrtsort Bayerns überhaupt. Aber auch ein ganz profaner Besuch im Bräustüberl wird gern mit einem Fußmarsch verbunden. Ein besonders schöner, wenn auch langer ist der König-Ludwig-Weg vom Starnberger zum Ammersee.

Die Wanderung

Den S-Bahnhof Possenhofen Richtung »Pöcking« verlassen, auf dem Fußweg geradeaus zur Hindenburgstraße und diese leicht ansteigend zur Einmündung in die Hauptstraße. Auf ihr nach links, später rechts in den Ascheringer Weg hinein und etwa einen Kilometer auf der wenig befahrenen Teerstraße geradeaus. Vor dem Kompostierplatz knicken wir nach rechts ab (Wegweiser »Neu-Maising/Maisinger See«); ein Teersträßchen bringt uns durch die Unterführung der B 2 und, vorbei an letzten Häusern, in ein Waldstück. Links haltend kommen wir schnell in freie Wiesen hinaus, wo wir geradeaus, zwei Brückchen überquerend, durch das Naturschutzgebiet des verschilften Südufers des Maisinger Sees wandern. Voraus wird Aschering sichtbar, wo wir auf Teerstraßen im Links-/Rechtsbogen Einzug halten.

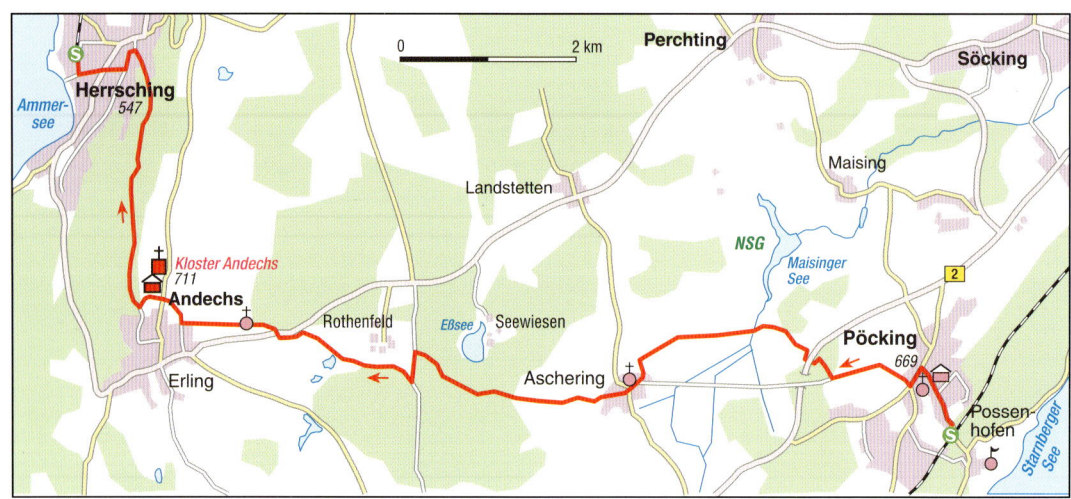

Der Andechser Kirch-turm kann während der Sommermonate bestiegen werden. Die Mühe wird mit einer grandiosen Aussicht belohnt.

KLOSTER-SPECIALS
- Patrozinium 25. März, 19. November, 6. Dezember; Drei-Hostien-Fest 2. Juli
- Kirchen-, Kloster- und Brauereiführungen nach Anmeldung
- Kirchenkonzerte
- Klosterladen
- Turmbesteigung
- Veranstaltungen im Florianstadel und Alten Pferdestall (Orff-Festspiele, musikalische und literarische Events, Ausstellungen, Märkte)
- Weiteres kulturelles Angebot in den historischen Räumen des Fürsten-trakts (Seminare, Vorträge, Tagungen)
- Lebende Krippe und Christkindlmarkt (Advent)

Info: Benediktiner-abtei, 82346 Andechs, Tel. 0 81 52 / 3 76-0; www.andechs.de

An der Dorfkirche überqueren wir die St.-Sebastian-Straße und gehen den Bachweg hinein. Wir orientieren uns am gekrönten „K" des König-Ludwig-Wegs und münden, vorbei an schönen alten Bauernhäusern, in den Andechser Weg. Geradeaus durch Wiesen in Wald und nach einer kurzen kleinen Steigung an der Waldwegegabelung rechts. Wenn wir aus dem Baumschatten herauskommen, liegt Rothenfeld (JVA) vor uns. Auf der Teer-straße nach links und am Ende des Damwildgatters rechts auf den schmalen Pfad, welcher der Umzäunung folgt. Er mündet in einen breite-ren Weg, auf dem wir nach rechts weiterwandern. In der Rechtskurve, wo das Sträßchen direkt auf Rothenfeld zuläuft, knicken wir links auf den Trampelpfad durch die Wiese ab. In einigem Abstand parallel zum Wald-rand halten wir geradaus, passieren einen linker Hand gelegenen Weiher und gelangen dann auf einem breiteren Weg hinaus zur Fahrstraße nach Erling. Kurz auf dem Fuß-/Radweg an ihr entlang nach links, überqueren wir sie dann zum ausgeschilderten Parkplatz auf der anderen Seite. Durch diesen nach links, dann geradeaus, unterhalb der Friedenskapelle vorbei und entlang der Kreuzwegstationen zum Kloster Andechs hinauf.

Wem knapp drei Stunden Wanderung reichen, der kann mit dem Bus zum S-Bahnhof Herrsching hinunterfahren. Wer sich nach Besichtigung der Klosterkirche und Stärkung mit Klosterbier wieder fit für neue Taten fühlt, nimmt den einstündigen Abstieg durchs Kiental in Angriff. Er beginnt über die Treppenstufen gegenüber dem Kircheneingang und fädelt nach einer zweiten Treppe in den breiten Klammweg ein, der vom Kienbach begleitet wird. Diesem folgen wir auch, wenn wir die ersten Häuser von Herrsching erreichen, und gelangen über Kientalstraße, Andechsstraße und Kienbachstraße zum S-Bahnhof.

Benediktinerabtei Andechs

Andechs, das steht für Sakralkunst des Rokoko ebenso wie für bayerische Geschichte des Mittelalters. Heiliger Berg nennt man den Standort, den im 11./12. Jahrhundert die Grafen von Dießen-Andechs, Herzöge von Meranien, für ihre Burg wählten, weil sie in der Nikolauskapelle den größten Reliquienschatz Süddeutschlands, darunter drei hoch verehrte Hostien, zusammengetragen hatten. Die Wiederfindung dieses Heiltumsschatzes gab ab 1420 Anlass für den Bau einer gotischen Kirche. 1669 brannte sie zusammen mit dem Kloster ab und erhielt 1752–1755 durch Johann Baptist Zimmermann – in Zusammenarbeit mit den namhaftesten Stuckatoren, Malern, Bildhauern und anderen Kunstfertigen jener Zeit – ihre heutige Rokokoausschmückung. Es ist an dieser Stelle unmöglich, auf alle Sehenswürdigkeiten der Wallfahrts- und Klosterkirche St. Nikolaus, Elisabeth und Maria einzugehen, deshalb seien ein paar Highlights herausgegriffen.

Der Heilige Berg Andechs — ein Wahrzeichen bayerischer Geschichte und hoher Sakralkunst.

Als Erstes zieht der große, zweigeschossige Hochaltar (Entwurf Johann Baptist Zimmermann, ausführender Bildhauer Franz Xaver Schmädl) die Blicke des Betrachters auf sich. Im unteren Bereich sehen wir das Andechser Gnadenbild, eine spätgotische Muttergottes mit dem Jesusknaben, im

oberen eine Madonna, 1608/09 von Hans Degler geschaffen. Die vier frei stehenden Seitenaltäre stammen aus der Werkstatt Johann Baptist Straubs. Das Kirchenschiff wird in halber Höhe von einer Empore umkränzt; an der Emporenbrüstung sind 26 zwischen 1670 und 1755 gemalte Bilder zur Geschichte der Andechser Wallfahrt und des Heiltumsschatzes zu sehen. Dem Hofstuckator und Maler Johann Baptist Zimmermann und dessen Sohn Franz Michael sowie Joseph Marian, Johann Georg Üblher und Franz Xaver Feichtmayr d. J. verdanken wir die filigranen Stuckarbeiten sowie die großartigen Fresken. Werfen Sie auch einen Blick links seitlich über den Hochaltar, wo der Klostergründer Herzog Albrecht III. als Halbfigur zu sehen ist. In die Andechser Klosterkirche sind auch mehrere Kapelle integriert, allen voran im Obergeschoss die Heilige Kapelle als Aufbewahrungsort des Heiltumsschatzes sowie die angrenzende Reliquienkapelle mit wertvollen Reliquiaren ab dem späten 16. Jahrhundert.

Im Zuge der Säkularisation von 1803 wurde auch Kloster Andechs aufgelöst. Das Klostergut wechselte mehrfach den Besitzer, bis es König Ludwig I. 1846 als künftiges Wirtschaftsgut für die von ihm 1850 gegründete Benediktinerabtei St. Bonifaz in München erwarb, zu der Andechs bis heute als Priorat gehört. Die Kloster- und Wallfahrtskirche verblieb im Eigentum des bayerischen Staates. In den letzten Jahrzehnten hat sich Andechs zu einem mehr und mehr florierenden Wirtschaftsbetrieb entwickelt: Brauerei und Gastronomie, Forst- und Bio-Landwirtschaft, Metzgerei, Imkerei, Destillerie; einiges davon wird in eigener Regie betrieben, anderes ist verpachtet.

KLOSTERBRÄUSTÜBERL / KLOSTERGASTHOF
»Genuss für Leib und Seele«: Dieses Motto wurde – wie könnte es anders sein – in Andechs kreiert. Für den Leib zuständig ist vor allem das Bräustüberl (über eine Million Besucher jährlich), wo man sich im traditionsreichen Gastraum wie auch auf der sonnigen Terrasse Bier und Brotzeit selber holt (sofern man an schönen Wochenenden und Feiertagen überhaupt einen Platz findet). Im gehobeneren Klostergasthof hingegen kann man à la carte essen. Das Andechser Klosterbier schmeckt jedoch hier wie dort gleichermaßen gut. *Klosterbräustüberl*, 82346 Erling-Andechs, Tel. 0 81 52/37 60; kein Ruhetag; 24./25. Dezember geschlossen. *Klostergasthof*, 82346 Erling-Andechs, Tel. 0 81 52/37 62 83; ganzjährig täglich geöffnet.

7 KLOSTER DIESSEN

Marienmünster und Schatzbergalm

ANFAHRT

Auto: Lindauer Autobahn A 96, Ausfahrt Greifenberg, über Schondorf, Utting nach Diessen.
S-Bahn/Zug/Schiff: S 8 nach Geltendorf, weiter mit Zug nach Diessen; S 5 nach Herrsching, Schiff (Frühjahr bis Herbst) nach Dießen.

AUSGANGSPUNKT

Dampferanlegestelle bzw. Bahnhof Dießen; Großparkplatz.

GEHZEIT

Etwa 2 3/4 Stunden.

CHARAKTERISTIK

Auf Teerstraßen und Naturwegen leicht bergauf/bergab, halb sonnig, halb schattig.

BADEN

Im Ammersee.

KARTEN

(1:50 000) KOMPASS Nr. 189 Landsberg a. Lech, Ammersee; Bayer- Landesvermessungsamt, Umgebungskarte Ammersee, Starnberger See.

Schon von Weitem grüßt der grazile Turm der ehemaligen Dießener Augustinerchorherrenstiftskirche. Das spätbarocke Marienmünster, seit 1804 Pfarrkirche und dem Bistum Augsburg unterstellt, steht der am gegenüberliegenden Ufer aufragenden, ungefähr in der gleichen Zeit neu ausgestalteten München-Freising'schen Benediktinerklosterkirche Andechs als sakrales Kunstwerk in nichts nach. Außerdem entstammen beider Gründer der im Mittelalter bedeutenden Familie der Grafen von Dießen und Andechs-Meranien, die ihre Burgen sowohl am westlichen als auch am östlichen Ufer hatten. – Gemessen an so viel Superlativen kann aber auch der profane Teil dieses Wanderausflugs durchaus mithalten.

Die Wanderung

Von der Bahnunterführung nahe dem Dießener Dampferanlegesteg bzw. dem Bahnhof spazieren wir die Mühlstraße ins Ortszentrum zum Marktplatz. Hier überqueren wir an der Ampelanlage die Durchgangsstraße und steigen mit der Herrenstraße aufwärts, vorbei an schönen alten Häuserfassaden (auf der rechten Seite die besuchenswerte Kleinzinngießerei Babette

Schweizer, gegründet 1796, mit bezaubernden Ausstellungsräumen und kleinem Zinncafe, sonntags geschlossen). Beim Haus Nr. 28 auf der linken Straßenseite biegen wir dann links ab auf ein schmales Sträßchen und gelangen direkt zum Münster.

Nach der Besichtigung ziehen wir weiter: von der Kirchenfront geradeaus und dann links zu den Parkplätzen, dahinter rechts über eine Bachbrücke und sanft aufwärts in den Dießener Ortsteil St. Georgen. Rechter Hand, zwischen alten, im Sommer blumenüberrankten Häusern entdecken wir die weit über Bayern hinaus bekannte, traditionsreiche Keramikwerkstatt Loesche. Schauen Sie sich im romantisch verwilderten Garten die Kugeln, Figuren, Krüge und anderen Werkstücke an. Anschließend spazieren wir geradeaus weiter, die querende Johann-Michael-Fischer Straße links und die St.-Georg-Straße rechts auf die St. Georgener Kirche zu (mit sehenswerter Rokoko-Ausstattung, in der Regel jedoch verschlossen).

Noch vor der Kirche gehen wir links in die Burgwaldstraße hinein, die uns später im Rechtsbogen aus dem Ort in Wiesen hinausbringt. Nach einiger Zeit folgen wir links dem Sträßchen mit der Beschilderung »Rundweg 5 + 6«

Einen freien Blick hat man von der Anhöhe oberhalb Dießen über den Turm der ehemaligen Augustinerchorherrenstiftskirche auf den Ammersee und das Bergpanorama.

KLOSTER-SPECIALS
- Patrozinium 15. August
- Kirchenführungen nach Anmeldung
- Kirchenkonzerte
- Klosterladen
- Wandelaltar mit figürlichen Darstellungen der Heilsgeschichte (zu sehen an den großen Festtagen wie Weihnachten, Ostern)
- Schmädl-Krippe (links im Kirchenvorraum)
- Pfarrmuseum (Gegenstände aus der Volkskunst)
- Schmädl-Bergmüller-Galerie
- Leonhardiritt im Ortsteil St. Georgen

Info: Kath. Pfarramt, 86911 Dießen a. Ammersee
Tel. 0 88 07/9 48 94-0

*Besonderer Anzie-
hungspunkt der
Schatzbergalm über
Dießen ist im Sommer
der große Wiesen-
biergarten.*

*Auch eine Dießener
Sehenswürdigkeit:
Verkaufsausstellung
und Zinncafe der
Kleinzinngießerei
Babette Schweizer in
der Herrenstraße.*

und kurz danach erneut links dem schmäleren Weg Richtung »Burg-kapelle/Mechthildisbrunnen«. Etwas ansteigend wandern wir in den Wald hinein und erreichen die unspektakuläre Burgkapelle (vermutlich erbaut aus den Trümmern der Burg Schönenberg der Grafen von Dießen-Andechs); etwas abseits die der Überlieferung nach heilkräftige Mechthil-disquelle. (Die selige Mechthildis, gest. 1160, zählt zu den nicht weniger als 28 Heiligen und Seligen des Dießen-Andechser Adelsgeschlechts.)

Wir setzen unsere Wanderung hinter der Kapelle geradeaus fort, am Wald-rand entlang. An der T-Kreuzung mit der Teerstraße nach links weiter durch Wiesen mit schönem, weitem Blick auf die Bergkette. Dann zeigt ein Schild links den »Rundweg 5/Schatzbergalm« an. Wir orientieren uns daran und spazieren am Waldrand, später erneut nach links auf einem Forstweg durch den Wald an der Südflanke des Schatzbergs entlang. Nach etwa einem Kilometer bringt uns ein rechts ableitender, schmälerer Weg hinun-ter zur Schatzbergalm.

Den Rückweg treten wir auf dem Zufahrtssträßchen an: von der Schatz-bergalm geradeaus abwärts, dann links durch Felder und Wiesen mit Blick nach rechts zum Ammersee und zur darüber aufragenden Andechser Klosterkirche. Das Sträßchen verläuft durch den Ortsteil Ziegelstadel (hier war der Komponist Carl Orff, 1895–1982, zu Hause), das Marienmünster bleibt links abseits liegen, und im weiten Rechts-Links-Bogen wandern wir mit Blickrichtung auf den Ammersee leicht abwärts. Vorbei am SOS-Kinderdorf münden wir in die Fahrstraße Dießen – Fischen ein. Kurz an ihr entlang nach rechts, jenseits der Bahngleise links und parallel zu diesen durch die Jägerallee zurück zum Dampferanlegesteg bzw. zum Parkplatz und Bahnhof.

Ehem. Augustinerchorherrenstift Dießen,

heute Kloster der Barmherzigen Schwestern. Nachdem ein erstes Kloster des seligen Rathardus von Dießen-Andechs im Jahre 815 im nahen St. Geor-gen im 10. Jahrhundert durch die Ungarneinfälle untergegangen war, wurde es 1132 von Berthold II. an den jetzigen Standort verlegt. Nach Zer-störungen und mehrmaligem Wiederaufbau der Augustinerchorherren-stiftskirche entstand die heutige Pfarrkirche Mariä Himmelfahrt 1732–1739 unter dem rührigen Propst Herculan Karg. Er leistete sich die berühm-testen Künstler jener Zeit: als Baumeister Johann Michael Fischer, für die Innenausstattung allen voran Johann Georg Bergmüller (Deckenfres-ken, insbesondere »Dießener Heiligenhimmel« im Langhaus); Balthasar Augustin Albrecht, Georges Desmarées, Johannes Holzer, Johann Andreas Wolff sowie die Venezianer Pittoni und Tiepolo (Gemälde); Johann Georg Üblher und die Brüder Feichtmayr (Stuck); Johann Baptist Straub, Ägid Ver-helst, Franz Xaver Schmädl, Joachim Dietrich (Bildhauerarbeiten) und viele andere mehr. Das Gemälde von Balthasar Augustin Albrecht »Aufnahme Mariens in den Himmel« im Hochaltar – von Joachim Dietrich nach einem Entwurf von François Cuvilliés – kann versenkt werden, um eine Bühne ent-stehen zu lassen, die im Laufe des Kirchenjahres wechselnde Szenen der

Heilsgeschichte zeigt. Die vier geschnitzten und weiß gefassten Monumentalfiguren der heiligen Kirchenväter Augustinus und Gregor d. Gr. (links)
sowie Ambrosius und Hieronymus (rechts) stammen ebenfalls von Joachim
Dietrich. In der Kirche stehen außerdem acht vorzügliche Seitenaltäre. Beachten Sie auch die Kanzel von Johann Baptist Straub, und schauen Sie zurück zur Orgelempore, flankiert von zwei so genannten Schwalbennestbal-
konen (Orgelgehäuse und Brüstung ebenfalls von Straub).
Das Augustinerchorherrenstift wurde 1803 aufgelöst; 1917 zog in den Südtrakt der kleine Konvent St. Vinzenz der Kongregation der Barmherzigen
Schwestern vom heiligen Vinzenz von Paul ein. Vom einstigen Dießener
Augustinerchorherrenstift zeugen noch: der Marstall von 1630, heute
Kirche St. Stephan; der Kornspeicher von 1630, heute Pfarrmuseum; die
Klostermühle sowie einige weitere, jetzt anderweitig genutzte Bauten.

SCHATZBERGALM
Gleich neben dem
Haupteingang zum
Marienmünster
befindet sich zwar
das Chorherrnstüberl
(nomen ist nicht
gleich omen);
als Wanderwirtshaus
ist jedoch die Schatz-
bergalm zu emp-
fehlen: ein gut
hundertjähriges
Bauernhaus am Wald-
rand, umgeben von
Wiesen, mit winzigem
Gastraum, witte-
rungsgeschützter
Veranda, großem
Biergarten und viel
Auslauf für Kinder.
Zu essen gibt es vor-
wiegend bayerische
Gerichte.
Schatzbergalm,
Ziegelstadel 11,
86911 Dießen a.
Ammersee,
Tel. 0 88 07/67 80;
Montag Ruhetag.

KLOSTER WESSOBRUNN

Vom Tassilokloster zum Zellsee

ANFAHRT
Auto: Wessobrunn
liegt an der Haupt-
verbindungsstraße
Weilheim–Landsberg
a. Lech.
Zug: Zielbahnhof
Weilheim bzw. Lands-
berg a. Lech;
Bus: Strecke Landsberg
–Wessobrunn–Weil-
heim.

AUSGANGSPUNKT
Kloster Wessobrunn;
Parkplätze.

GEHZEIT
Etwa 3 Stunden
(ohne Eibenwald).

CHARAKTERISTIK
Überwiegend Natur-
wege, mal schattig,
mal sonnig, von
Wessobrunn nach
Paterzell leicht auf-/
abwärts.

KARTEN
(1:50 000) KOMPASS
Nr. 179 Pfaffenwinkel;
Bayer. Landesver-
messungsamt, Umge-
bungskarte Pfaffen-
winkel, Staffelsee.

Diese Tour führt uns mitten hinein in den Pfaffenwinkel (»angulus sacerdotum et monachorum« – Winkel der Priester und Mönche), seit dem 18. Jahrhundert so genannt wegen seiner vielen dicht beieinanderliegenden Klöster. Und wie wir dies im Rahmen unserer Klosterwanderungen immer wieder erleben können, haben sich auch die Wessobrunner Benediktiner einstmals ein hübsches Fleckchen Erde für ihre Ordensniederlassung ausgesucht.

Die Wanderung

Vom Parkplatz beim Kloster kommend gehen wir auf der Zöpfstraße weiter in den Ort hinein und biegen dann rechts in die Zimmermannstraße ab. (Wie diese beiden sind alle größeren Wessobrunner Straßen nach berühmten Künstlerfamilien benannt, die im 17./18. Jahrhundert die so genannte Wessobrunner Schule verkörperten.) Beim Haus Nr. 12 rechts und bald darauf links, entsprechend dem Schild »Fußweg nach Paterzell über Schönwag«, dann beim Sportplatz rechts in den Wald und gleich wieder rechts. Ein schmaler Weg führt leicht auf- und abwärts durch einen Tobel, den sich der Schlittbach gegraben hat, und verbreitert sich später zu einem Forstweg. An der T-Kreuzung rechts zur Fahrstraße hinaus. An dieser entlang nach links und nach der Kurve den ersten Weg (Fahrverbotsschild) rechts hinein. Leicht ansteigend wandern wir wieder in Wald und beschildert (»Paterzell«) durch das Naturschutzgebiet mit zahlreichen ver-

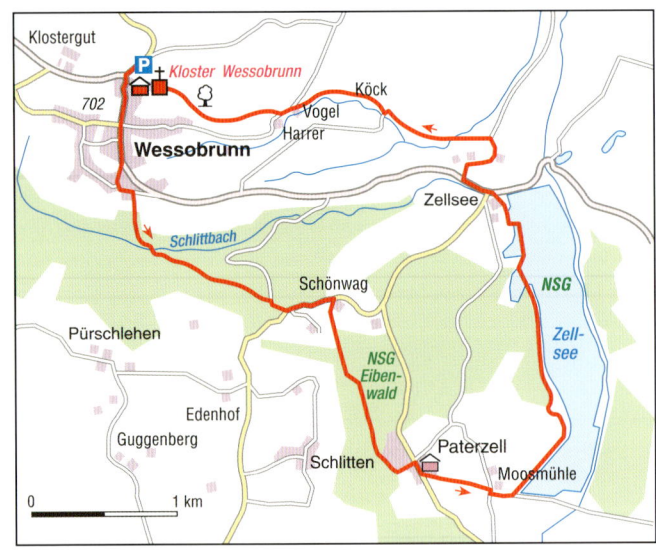

sinterten Bachläufen nach Paterzell. Da, wo der Maibaum aufragt, finden wir die Ausflugsgaststätte Zum Eibenwald, von wo aus wir nach links einen Abstecher in den Paterzeller Eibenwald machen können.

Weiter wandern wir beim unteren Parkplatz auf dem Wiesenweg geradeaus leicht abwärts. An der Straßeneinmündung (Moosmühle) rechts und sofort wieder links auf die Startschneise des Segelflugplatzes zu. Nach wenigen Metern knicken wir bei der Schranke links in einen Wiesenweg ab, der am Schilfgürtel des Zellsees entlangführt – ein Dorado für Hobby-Ornithologen (wer hat, unbedingt Fernglas mitnehmen!).

Bei der Fischzuchtanstalt Zellsee müssen wir dann links wieder zur Straße hinaus. Nach rechts, die Hauptverbindungsstraße Wessobrunn – Weilheim überqueren, auf dem parallel verlaufenden Fuß-/Radweg nach links und den ersten ableitenden Weg rechts hinein (»Radweg Raisting«). Die Ansiedlung Höfler wird rechts umrundet, und beim letzten Haus zweigen wir links auf den Wiesenweg ab. An der Wegekreuzung am Bachlauf gehen wir geradeaus auf eine Einfahrt zu, schlüpfen davor links durch den Durchlass im Weidezaun und umrunden somit das Anwesen. Den Hinweisschildern »Zellsee« immer entgegengesetzt folgend wandern wir auf dem Wiesentrampelpfad rechts vom Bach und durchqueren nacheinander nochmals drei Weidezaundurchlässe, bis es direkt am Bach aufwärts zu einem Hof und zur Schmuzerstraße geht.

Diese marschieren wir nun nach links und verlassen sie erst kurz nach dem Ortsschild beim Haus Nr. 31 auf dem Weglein rechts abwärts. Vorbei an einem alten Wasserwerk-Häuschen und rechts über die Bachbrücke steigen wir schließlich zur Tassilolinde (Umfang etwa 13 Meter) hinauf. Und, die Klostermauer umrundend, sehen wir, sozusagen als letzten »Meilenstein«, den Gasthof zur Post vor uns, wo wir vor der Heimfahrt noch einmal Hunger und Durst stillen können.

Klosterareal Wessobrunn: barocke Pfarrkirche und romanischer Glocken- bzw. Wehrturm, auch Grauer Herzog oder Römerturm genannt.

KLOSTER-SPECIALS
- Patrozinium 24. Juni
- Klosterführungen Mai bis Oktober Dienstag bis Samstag 10, 15 und 16 Uhr, Sonntag 15 und 16 Uhr; November bis Februar Dienstag bis Samstag 15 Uhr, Sonntag 15 und 16 Uhr
- Konzertveranstaltungen im Tassilosaal
- Gästehaus Meierhof, Ferienwohnungen
- Tagungen und Bildungsveranstaltungen
- Hofladen, Verkaufsausstellungen, Veranstaltungen etc. im Klostergut (an der Straße nach Rott)

Info: Kloster der Missionsbenediktinerinnen, 82405 Wessobrunn, Tel. 0 88 09 / 92 11-0; www.klosterwessobrunn.de

8 Ehem. Benediktinerabtei Wessobrunn,

PATERZELLER EIBENWALD
Mit über 2000 alten Eiben bildet dieses Naturschutzgebiet den größten Bestand Deutschlands.
Die Kelten verehrten die Eibe als heiliger Baum. Die Germanen benutzten ihre Zweige zur Abwehr von bösem Zauber. Aus ihrem Holz wurden Bögen und Armbrüste hergestellt.
Der Paterzeller Eibenwald erhebt sich auf meterdickem Tuffstein. Früher wurde dieser abgetragen und als Baumaterial verwendet.
Auch der mittelalterliche Glockenturm von Wessobrunn, der »Graue Herzog«, ist aus Tuffstein errichtet.

heute Kloster der Missionsbenediktinerinnen. Wie bei einigen anderen frühen Klöstern rankt sich auch um die Entstehungsgeschichte von Wessobrunn eine fromme Legende. Ihr zufolge soll es der bayerische Herzog Tassilo III. (742 bis nach 794) gewesen sein, der das »monasterium Wessofontanum« im Jahre 753 gegründet hat. Tassilo sei, als er auf Eberjagd im Rottwald zwischen Ammer und Lech unterwegs war, im Schlaf der Apostel Petrus erschienen, welcher auf einer Himmelsleiter stand, an deren Fuß drei Quellen entsprangen. Anderntags entdeckte der herzogliche Jäger Wezzo tatsächlich diese Quellen, und Tassilo sah darin den göttlichen Fingerzeig, ein Kloster zu Ehren des heiligen Petrus zu erbauen. Diese sagenhafte Gründungsgeschichte hält bis heute die Tassilolinde lebendig, ein mächtiger, angeblich 800 bis 1000 Jahre alter Baum an der südöstlichen Peripherie des Klosterkomplexes. Am Ort der drei Quellen, schräg hinter der Pfarrkirche, steht heute das Brunnenhaus, das 1735 von Joseph Schmuzer erbaut wurde.

Die historische Überlieferung liest sich weniger romantisch: Danach stammte der Gründer Wessobrunns wohl aus einer im benachbarten Rott ansässigen Adelsfamilie, und Herzog Tassilo trug durch eine großzügige Stiftung zur Entwicklung des Klosters bei.

Um sich eine Vorstellung von den Ausmaßen Wessobrunns in seiner Hochblüte im 17./18. Jahrhundert machen zu können, ist man heutzutage auf den Kupferstich von Michael Wening von 1701 angewiesen. Übrig geblieben von der einst gewaltigen und prächtigen Barockanlage ist nach der Säkularisation nur noch ein Torso: Torhaus sowie Treppenhaus, Prälatenflügel (heute katholisches Pfarramt) mit Tassilosaal und Gästetrakt. Letztere kann man im Rahmen einer Führung besichtigen, was Sie unbedingt tun sollten. Die Stuckdekoration von Vater und Söhnen Schmuzer ist wirklich einmalig.

Der wie ein überdimensionaler Findling anmutende mittelalterliche Glocken- bzw. Wehrturm (Römerturm, Grauer Her-

Das Naturschutzgebiet des Zellsees ist ein wichtiges Vogelschutzreservat.

*Führung im Gäste-
trakt von Kloster
Wessobrunn; an der
Decke üppiger früh-
barocker Stuck von
Johann Schmuzer.*

zog) gegenüber der Pfarrkirche ist ein Relikt aus der ersten, spätromanischen Bauperiode des Klosters.

Nicht einmal die Klosterkirche ist erhalten geblieben; die Kirche St. Johann Baptist, erbaut 1757–1759 von Joseph Schmuzer und mit glänzender Rokokoausstattung, war und ist von jeher Pfarrkirche. Beachten Sie vor allem die Altäre von Tassilo Zöpf, die Fresken von Johann Baptist Baader, genannt »Lechhansl«, die Figuren des Weilheimer Bildhauers Franz Xaver Schmädl sowie das Wessobrunner Gnadenbild »Mutter der schönen Liebe« (um 1700) im linken Seitenaltar.

Nachdem nach der Säkularisation zwischen 1803 und 1810 etwa drei Viertel des Gesamtkomplexes bereits abgerissen worden waren, rettete der Münchner Historiker und Politiker Johann Nepomuk Sepp die verbliebenen Gebäude, indem er sie aufkaufte. Ihm folgte 1902 als Eigentümer Freiherr Theodor von Cramer-Klett nach, ein großer Gönner des Benediktinerordens, der 1913 die Tutzinger Missionsbenediktinerinnen nach Wessobrunn holte. Sie betrieben dort bis 2001 ein Jugendkurheim. Die weitere Nutzung ist ungeklärt, zumal das Durchschnittsalter der rund 20 Schwestern gute 70 Jahre beträgt.

GASTHOF ZUR POST

Die Wessobrunner »Post« liegt in der Straßenkurve der St 2057 am nördlichen Ortsende, gegenüber dem Rasenplatz mit dem eingemeißelten Wessobrunner Gebet (Original um 814, Teil eines Codexes aus der ehemaligen Klosterbibliothek, ältestes christliches Sprachdenkmal Deutschlands). Das Wirtshaus – Hofmarkstaferne seit dem Mittelalter – präsentiert sich im gemütlichen Stil eines Landgasthofs und bietet gut zubereitete regionale Küche. Zum Draußensitzen stehen eine Terrasse und ein kleines Gärtchen zur Verfügung. Verbindungsglied zum ehemaligen Kloster ist die hölzerne Kassettendecke im Festsaal des ersten Stocks, die vor der Säkularisation den barocken Theatersaal schmückte.

Gasthof zur Post,
Zöpfstraße 2,
82405 Wessobrunn,
Tel. 0 88 09/2 08;
Mittwoch Ruhetag.

KLOSTER POLLING
Ammerleite und Prälatenweg

ANFAHRT
Auto: B 2 nach
Weilheim.
Zug: Zielbahnhof
Weilheim.

AUSGANGSPUNKT
Weilheim, Ammer-
brücke; Parkplatz links
vor (östlich) der Stra-
ßenbrücke über die
Ammer.

GEHZEIT
Etwa 2 Stunden.

CHARAKTERISTIK
Außerhalb der Ort-
schaften ebene, breite
verkehrsfreie Teer- bzw.
Naturstäßchen, über-
wiegend sonnig.

KARTEN
(1:50 000) KOMPASS
Nr. 179 Pfaffenwinkel;
Bayer. Landesver-
messungsamt, Umge-
bungskarte Pfaffen-
winkel, Staffelsee.

*Wie das nahe gelegene Wessobrunn ist auch Polling eine legenden-
umwobene Klosterstiftung Herzog Tassilos III. um das Jahr 750 und
reiht sich ein in die stattliche Zahl der großen Klöster des Pfaffenwinkels.
Vor allem die sehenswerte ehemalige Augustinerchorherrenstifts- und
heutige Pfarrkirche Heilig Kreuz lohnt einen Besuch, und auch die
Wanderroute entlang der Ammer ist landschaftlich sehr reizvoll.*

Die Wanderung

Vom Parkplatz geht es gleich hinauf auf den Dammweg und auf ihm nach
links. Wir wandern ammeraufwärts bis kurz vor eine im Fluss befindliche
kleine betonierte Staustufe. Hier den Damm verlassen und auf dem breiteren Weg nach links in Wiesengelände. An der T-Kreuzung mit einer
querenden Teerstraße diese kurz links, dann rechts unter einer Straßenbrücke hindurch, entlang der Bahntrasse und nach dem aufgelassenen
Pollinger Bahnhof links über die Gleise. Auf der Bahnhofstraße in den Ort,
die Huglfinger Straße links, über die Tiefenbachbrücke und links zum
Klosterkomplex und zur Alten Klosterwirtschaft.
Für den Rückweg laufen wir zunächst auf der Weilheimer Straße weiter in
den Ort hinein. Beim Gasthaus Neuwirt rechts in den Prälatenweg. Nach

*Der mächtige Turm der
Stiftskirche Polling von
1605 bekam erst 1822 das
kurze Achteck und den
Turmhelm aufgesetzt.*

*Seite 41: Innenraum der
Pollinger Heilig-Kreuz-
Kirche. Deutlich sichtbar
die gotische Halle des
Langhauses, die Mitte
des 18. Jahrhunderts im
Stil des Rokoko aus-
geschmückt wurde.*

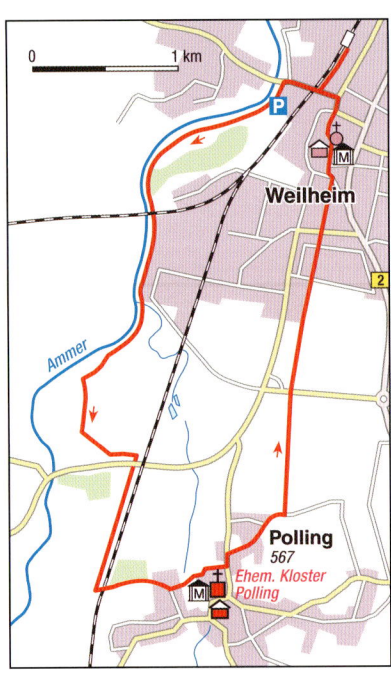

KLOSTER-SPECIALS
- Patrozinium 3. Mai; Heilig-Kreuz-Fest mit Kreuzmarkt
- Führungen (Kirche und Alter Bibliothekssaal) nach Anmeldung
- Museum (Pollinger Früh- und Kloster-geschichte, geöffnet Sonntag 9.30–12 Uhr)
- Konzerte in der ehem. Klosterkirche und im Alten Bibliothekssaal
- Georgiritt (Wochen-ende vor/nach dem 24. April)

Info: Kath. Pfarramt, 82398 Polling, Tel. 08 81/92 54 38 83. – Gemeindeverwaltung, 82398 Polling, Tel. 08 81/9 39 00

den letzten Häusern links haltend folgen wir den Radwanderschildern nach Weilheim hinein. Dort geradeaus, die Waisenhausstraße überqueren, und weiter geradeaus entsprechend dem Radelschild »Stadtmitte«. Die Pöltner Straße bringt uns zum Marienplatz. Weiter auf der Schmiedstraße nach rechts, die Straße Unterer Graben überqueren, die Münchner Straße geradeaus und schließlich entlang der Schützenstraße nach links zurück zum Ausgangspunkt.

Ehem. Augustinerchorherrenstift Polling

Überspringen wir die ersten, wechselvollen Jahrhunderte als Benediktiner-, später Augustinerchorherrenkonvent; nach einem verheerenden Brand von 1414 jedenfalls musste ein ganz neuer Anfang gemacht, Kirche samt Kloster neu aufgebaut werden. 1416–1420 entstand die dreischiffige gotische Hallenkirche, die 1621–1628 tiefgreifend verändert, barock überformt und neu ausgestattet wurde; eine letzte Umgestaltung im Stil des Rokoko erfolgte 1761–1765. All diese Stilrichtungen zeigen sich heute dem geübten Betrachter in harmonischer Einheit. Auf die Ausstattung hier detailliert einzugehen, würde den Rahmen sprengen, aber der Blick auf den gewaltigen barocken Hochaltar der ehemaligen Stifts- und heutigen Pfarrkirche Heilig Kreuz muss sein: im Zentrum das Heilige Kreuz, das schon seit dem hohen Mittelalter in Polling verehrt wird.

Seine Hauptblütezeit hatte Kloster Polling im 17./18. Jahrhundert. 1803 kam dann das staatlich verfügte Aus. Die Gebäude wurden bis auf ein Drittel abgebrochen, das Klosterleben verboten, Kunstschätze und wissenschaftliche Geräte konfisziert, der fast neue Bibliotheksbau als Brauerei-Lagerraum zweckentfremdet. Heute ist in einem der renovierten Trakte das Rathaus mit Standesamt und Museum untergebracht. In einem anderen leben seit 1892 Dominikanerinnen. Erhalten geblieben im ehemaligen Prälatenflügel ist der prächtige Bibliothekssaal, in welchem Konzert- und andere Veranstaltungen stattfinden.

ALTE KLOSTERWIRT-SCHAFT
Wie in jedem anderen Kloster haben auch die Pollinger Augustiner-chorherren Bier gebraut. 1520 ist in den Annalen der Klosterwirtschaft ein erster Wirt erwähnt, der damals noch Leibeigener des Klosters war. Seit 1731 ist die Gaststätte in Privatbesitz. Den Gast von heute interessiert im Sommer vor allem der schöne Kastanienbiergarten. Nach einem Pächterwechsel 2008 präsentiert sich die nostalgische Gaststube dezent aufgefrischt. Das Speisenangebot ist bayerisch-bürgerlich.
Alte Klosterwirtschaft, Weilheimer Straße 12, 82398 Polling, Tel. 08 81/901 08 08; ganzjährig täglich geöffnet.

KLOSTER BERNRIED

Am Starnberger Seeufer von Tutzing nach Seeshaupt

ANFAHRT
Zug oder *S-Bahn* S 6
nach Tutzing; Rück-
fahrt mit dem Zug
(Linie Kochel–Tutzing)
nach Tutzing.

AUSGANGSPUNKT
Bahnhof Tutzing.

GEHZEIT
Etwa 3 Stunden.

CHARAKTERISTIK
Ebene Streckenwan-
derung auf Natur-
wegen bzw. geteerten
Fuß-/Radwegen mit
Sonne und Schatten
im Wechsel.

BADEN
Unterwegs mehrere
Freibadestellen am
Starnberger See.

KARTEN
(1:50 000) KOMPASS
Nr. 180 Starnberger
See, Ammersee; Bayer.
Landesvermessungs-
amt, Umgebungskarte
Ammersee, Starn-
berger See.

Außer dem Kloster Bernried liegen mit dem Buchheim-Museum und dem Schloss Höhenried samt Schlosspark sowie dem Bernrieder Park mit seinen idyllischen Badeplätzen noch einige andere Attraktionen am Weg, die einen längeren Aufenthalt lohnen. Aus den veranschlagten drei Stunden ließe sich also gut und gern ein ganzer schöner und erlebnisreicher Wandertag machen. Man kann die Streckenwanderung natürlich auch in umgekehrter Richtung planen, muss dann allerdings beim Gehen auf den Panoramablick zur Alpenkette verzichten.

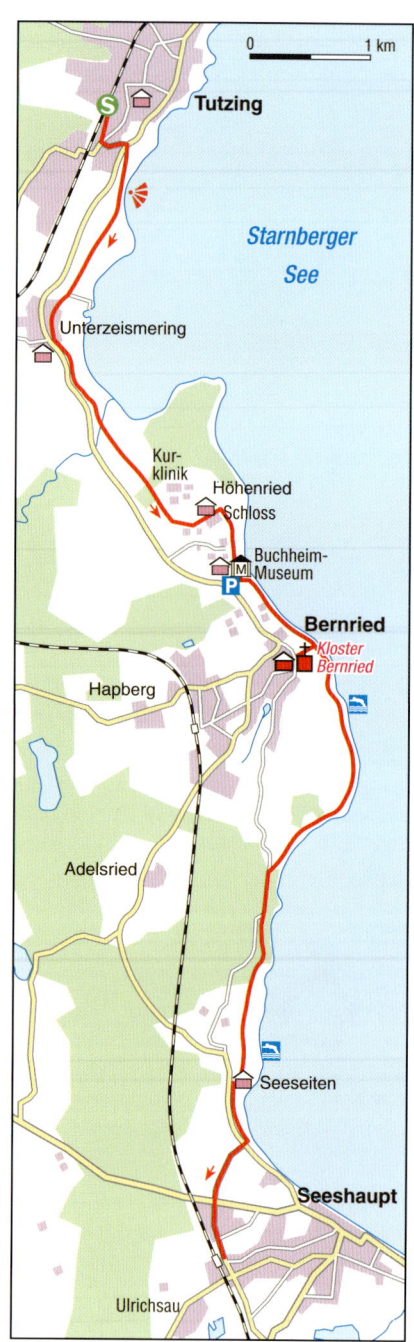

Die Wanderung

Wenn wir aus dem Tutzinger S-Bahnhof herauskommen, wenden wir uns nach rechts und gehen auf dem Schönmoosweg (Richtung »Ilkahöhe, Johanneshügel«) zunächst hinunter zur Fahrstraße Tutzing – Weilheim (Lindemannstraße). Hier links zur Einmündung in die Fahrstraße Tutzing – Bernried und drüberhalb auf dem Fußweg nach rechts (Georg-Roth-Weg). Entweder unterhalb des kleinen Aussichtspunkts Johanneshügel entlang oder über ihn hinweg. Auch beim Kiosk mit Minigolfanlage weiter geradeaus durch die Lindenallee, bis das Wegschild »Bernried« nach links weist. Ein schmales Natur-

Die alte Bernrieder
Hofmarks- bzw.
Friedhofskirche Mariä
Himmelfahrt; rechts
der Altar mit der
gotischen Pietà in
der Gruftkapelle.

Ehemalige Stifts- und
heutige Bernrieder
Pfarrkirche St. Martin,
erbaut 1659–1663.
Rechts daran an-
schließend das Kloster
der Tutzinger Missions-
benediktinerinnen.

KLOSTER-SPECIALS
• Patrozinium
  11. November;
  Am 15. August
  (Mariä Himmelfahrt)
  abends Lichter-
  prozession
• Kirchenführungen
  nach Anmeldung
• Seminare, Exerzitien
  u. a. Veranstaltungen
  im Bildungshaus
  St. Martin
• Kirchenkonzerte
Info: Kath. Pfarramt,
82347 Bernried,
Tel. 0 81 58 / 75 06. –
Kloster der Missions-
benediktinerinnen,
82347 Bernried,
Tel. 0 81 58 / 25 50.

43

LANDGASTHAUS DREI ROSEN

Nachdem es in Bernried keine Klostergaststätte gibt, empfiehlt sich in Orts-mitte, unweit des Klosters, das Traditionsgasthaus Drei Rosen mit Holz-veranda und kleinem, ruhigem Biergarten. Hier, genauer gesagt im Garten-Salettl hinterm Haus, hat übrigens Olaf Gulbransson 1923 seine Verlobung gefeiert. Es bedarf jedoch keiner größeren Feierlichkeiten, um in den Drei Rosen ein-zukehren. Der ein-fache Gasthof bietet bayerisch-bürgerliche Gerichte, Brotzeiten und Kuchen.

Landgasthof Drei Rosen
Dorfstraße 11,
82347 Bernried,
Tel. 0 81 58/90 40 53,
ganzjährig täglich geöffnet.

Am Abend des 15. August (Mariä Himmelfahrt) findet in Bernried eine ein-drucksvolle Lichterpro-zession statt. Gefolgt von zahlreichen Gläubigen wird die Marienstatue durch das mit Blumen und Lichtern geschmückte Dorf getragen.

wegerl zwängt sich zwischen heckenumzäunten Grundstücken durch, bis es am Ortsende von Unterzeismering nicht mehr weitergeht und wir rechts zur Fahrstraße hinauf müssen. An ihr entlang nach links und bei der ersten Gelegenheit links auf den Weg abbiegen, der uns durch die Aus-läufer der Schilfwiesen des Naturschutzgebiets Karpfenwinkel leitet.

Am Schluss durch eine Allee, und schließlich stehen wir vor der Einfahrt zum Schloss Höhenried. Geradeaus kommen wir zum malerischen Schloss (Café), das sich die amerikanische »Dollarprinzessin« Wilhelmina Busch-Woods anno 1937 erbauen ließ. Ihr verdanken wir auch die wunderschöne Parkanlage (ehemaliges Bernrieder Klosterland). Nach dem Tod von Mrs. Busch-Woods gelangten Schloss und Park Höhenried 1955 in den Besitz der Landesversicherungsanstalt Oberbayern, die in dem Gelände eine Kurklinik für Herzkranke betreibt. Am Schloss wenden wir uns rechts und bummeln nach eigenem Ermessen mehr oder weniger nah am See durch die weitläu-fige Parkanlage, wo man unter anderem die Marmorsarkophage des Ehe-paars Busch-Woods und ein Gehege mit zahlreichen weißen Hirschen entdecken kann.

In Generalrichtung Südost erreichen wir als Nächstes das sehenswerte Buchheim-Museum mit Restaurant-Café. Wir verlassen das weite Wiesen-areal durch den Fußgängereingang und passieren, weiterhin in Ufernähe, das Restaurant-Café des Hotels Marina. Bald danach ist unser Klosterziel Bernried erreicht.

Nach Besichtigung von Pfarr- und Hofmarkskirche gehen wir wieder zum Uferweg hinunter und setzen ihn nach rechts weiter fort. Wir wandern

durch den großzügigen Bernrieder Park mit wun-derschönem alten Baum-bestand – ebenfalls ein Vermächtnis von Frau Busch-Woods. Vorbei an schönen Freibadeplätzen und dem ehemaligen Teehaus der reichen Amerikanerin spazieren wir weiter in Seenähe dahin. Später wird der Weg schmäler, und wir nähern uns Seeseiten mit Badestrand und gleich-namiger Ausflugswirt-schaft. Danach verläuft unser Weg ein Stück parallel zur Fahrstraße, die wir überqueren, wenn eine Straße von ihr nach rechts abzweigt (Rich-

tung »Bahnhof«). Auf ihr entlang, noch einmal über eine Fahrstraße und geradeaus weiter, dann ist der Bahnhof von Seeshaupt erreicht.

Ehem. Augustinerchorherrenstift Bernried,

heute Kloster der Tutzinger Missionsbenediktinerinnen. Urkundlich belegt ist, dass Graf Otto von Valley seinen hiesigen Meierhof 1120 in ein Augustinerchorherrenstift umwandelte, das bald größere Bedeutung erlangte. Die ehemalige Stifts- und heutige Pfarrkirche St. Martin fußt auf romanischen Fundamenten, wurde in der Gotik erweitert und 1659–1663 von dem Wessobrunner Baumeister und Stuckateur Caspar Feichtmayr erneuert. Franz Kirzinger aus München malte Mitte des 18. Jahrhunderts die Altarblätter. Man beachte auch den gotischen Flügelaltar von 1510, eine mittelalterliche Basaltplatte (neben dem linken Seitenaltar), den barocken Kruzifixus, die gotische Madonna im Strahlenkranz und die Statue der seligen Seherin Herluka (ihre sowie die Grablege des Stifterpaares von Valley befinden sich im Chor).

Sehenswert ist auch die benachbarte Friedhofs- und ehemalige Hofmarkskirche Mariä Himmelfahrt (14. Jahrhundert, barock umgestaltet) mit integrierter Gruftkapelle, in welcher das Gnadenbild, eine gotische Pietà, verehrt wird. Bernrieder Bürger retteten die Kirche nach der Säkularisation von 1803 durch Ankauf vor dem Abriss. Kreuzgang, Ost- und Westtrakt des Klosters wurden abgebrochen, der Südtrakt ab 1852 zum Schloss des Barons August von Wendland; auch Frau Busch-Woods erwarb später einige ehemalige Klosterländereien für ihre Parkanlagen. Ebenfalls erhalten geblieben: der stattliche Meierhof nördlich des Klosters (Privatbesitz, 1810–1909 Schlossbrauerei).

1949 kamen Tutzinger Missionsbenediktinerinnen nach Bernried, machten aus dem Schloss wieder ein Kloster und führen hier seit 1972 ein Haus für religiöse Erwachsenenbildung.

Schloss Höhenried, erbaut 1937–1939 von Wilhelmina Busch-Woods, heute gepflegter Rahmen für diverse Veranstaltungen.

BUCHHEIM-MUSEUM
In einem eigens dafür geschaffenen avantgardistischen Bau von Günter Behnisch werden die Sammlungen des Malers, Fotografen und Autors Lothar Günther Buchheim – Werke der Expressionisten, volks- und völkerkundliche Arbeiten sowie Sonderschauen – gezeigt. Buchheim-Museum, 82347 Bernried, Tel. 0 81 58/9 97 00; Dienstag bis Sonntag sowie Feiertage November bis März 10–17 Uhr, April bis Oktober 10–18 Uhr, 24. und 31. Dezember geschlossen.

KLOSTER ROTTENBUCH
Rundwanderweg über die Käsealm

ANFAHRT
Auto: Strecke Oberammergau–Schongau; oder Weilheim–Peißenberg–Böbing; oder Füssen–Steingaden–Wildsteig.
Zug: Zielbahnhof Peiting; *Bus* nach Rottenbuch.

AUSGANGSPUNKT
Rottenbuch, vor dem Torhaus; Parkplatz.

GEHZEIT
Etwa 2 Stunden.

CHARAKTERISTIK
Teersträßchen und Naturwege, leicht auf und ab, mehr Sonne als Schatten.

KARTEN
(1:50 000) KOMPASS Nr. 179 Pfaffenwinkel; Bayer. Landesvermessungsamt, Umgebungskarte Pfaffenwinkel, Staffelsee.

Direkt an der Romantischen Straße, im Osten die wilde Ammerschlucht, im Westen sanftes, hügeliges Voralpen-Wiesenwanderland, liegt Rottenbuch. Heute ist es ein auf den ersten Blick unspektakulärer Ort, in seiner Glanzzeit bestand hier jedoch einmal das bedeutendste Augustinerchorherrenstift ganz Bayerns. Von Rottenbuch gingen im Mittelalter auch zahlreiche andere Klostergründungen aus.

Die Wanderung

Vom Torhaus zur Bundesstraße hinausgehend entdecken wir schräg rechts auf der anderen Fahrbahnseite den Wegweiser »R 2 Schönegg«. Wir folgen ihm leicht bergan über Weihanger und Haldenbergstraße hinaus in freie Wiesen und schließlich hinauf nach Schönegg. Hier empfiehlt sich eine Rast in der Brotzeitstation Schönegger Käsealm, entweder bei einem Käse-/Schinkenteller mit Milch oder einem Topfenkuchen zum Kaffee.

Die Käsealm wieder verlassend wandern wir vor der Einfahrt auf einem schönen Panoramaweg mit Berg-und-Tal-Blick nach links. In der Linkskurve des Teersträßchens spazieren wir auf dem geradeaus verlaufenden Kiesweg weiter (Wegweiser »R 2 Rottenbuch«). Waldparzellen wechseln mit Wiesenflecken; rechts steht ein einsamer Bauernhof, und danach geht es auf breiterem Weg geradeaus weiter durch Wald. Wenn wir ihn verlassen, erhebt sich linker Hand die hübsche Schutzengelkapelle. Bald darauf schickt uns der Wegweiser »R 2 Rottenbuch« nach rechts auf ein Teersträßchen und gleich wieder links auf einen unbefestigten Weg. Im Bogen kommen wir zur Fahrstraße hinaus, gehen nach rechts und erreichen durch die Siedlung Weihanger auf bekanntem Weg wieder unseren Ausgangspunkt.

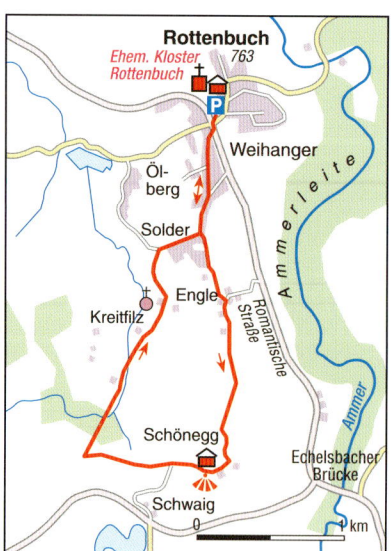

Ehem. Augustinerchorherrenstift Rottenbuch,

heute Kloster der Don-Bosco-Schwestern. Wie man weiß, war es durch die Jahrhunderte beim Klerus in Sachen Glaube, Zucht und Ordnung nicht immer zum Besten gestellt. Die Kirchenreform des 11. Jahrhunderts, die solchen Verweltlichungstendenzen entgegen-

Im linken Seitenaltar der Rottenbucher Kirche befindet sich diese gotische Marien- statue, geschaffen um 1480 von dem so ge- nannten Meister der Blutenburger Apostel.

treten wollte, machte auch vor den Kanonikern, den Stiftsherren, nicht Halt, deren freies Leben mit Eigenbesitz oft zu Missständen führte. Nach dem Vorbild der Urgemeinde in Jerusalem wollte man auch die Stifte einer Regel unterstellen und die Mitglieder wie in den Klöstern zu persönlicher Armut verpflichten. Die Mönche sollten nicht in erster Linie auf Selbst- heiligung, sondern auf Seelsorge bedacht sein. So entwickelten sich re- gulierte Chorherrenstifte, welche die Augustinusregel annahmen. Die neuen Stifte entstanden immer sowohl als Männer- als auch als Frauen- gemeinschaften. Einige Augustinerchorherrenstifte, wie auch Rottenbuch, taten sich als Reformzentren besonders hervor. Rottenbuch war ins- besondere für die Kanonikerreform in Bayern bedeutsam.

Mitte des 10. Jahrhunderts als älteste Klosterstiftung der Welfen ge- gründet, wurde Rottenbuch im 11. Jahrhundert von Augustinerchorherren besiedelt. Die erste große, romanische Stiftskirche brannte im 13./14. Jahr- hundert ab. Ein gotischer Kirchenbau folgte im 15. Jahrhundert und ist

KLOSTER-SPECIALS
- Patrozinium
  8. September und
  19. Juni
- Kirchenführungen
  nach Anmeldung
- Klosterladen
- Kirchenkonzerte
- Leonhardiritt

Info: Gemeinde
Rottenbuch, Rathaus
im Klosterhof,
82401 Rottenbuch,
Tel. 0 88 67/9 11 00. –
Kath. Pfarramt,
82401 Rottenbuch,
Tel. 0 88 67/10 08

auch heute noch hinter der spätbarocken Auskleidung zu erkennen. Im Dreißigjährigen Krieg wurde Rottenbuch besonders schlimm heimgesucht; gleich dreimal plünderten feindliche Truppen Kloster und Kirche. Von diesem Krieg, begleitet von Hunger und Pest, konnte sich das Kloster lange nicht erholen.

Dann aber folgte eine neue, lang andauernde Hochblüte, an der vor allem Propst Patritius Oswald (1700–1740) sowie nach dessen Tod sein Nachfolger Propst Clemens Prasser (1740–1770) maßgeblich beteiligt waren. In diese Zeit fällt auch die Erneuerung der Stiftskirche im Stil des Rokoko (1737–1746). Sie ist eine Meisterleistung des Wessobrunner Baumeisters Joseph Schmuzer in Zusammenarbeit mit seinem Sohn, dem begnadeten Stuckateur Franz Xaver, und dem Peißenberger Maler Matthäus Günther, der unter anderem den herrlichen Freskenzyklus über die Lebensstationen des heiligen Augustinus geschaffen hat. Für den unvorbereiteten Besucher ist der erste Eindruck beim Betreten des Kircheninnern überwältigend: die optische Fülle von Formen, Farben, Altären, Gemälden und Skulpturen erschlägt einen schier. Altäre und Kanzel stammen von Franz Xaver Schmädl; den Hochaltar mit seiner raumgreifenden Säulenarchitektur schuf er als geistliche Schaubühne für die Inszenierung des Patroziniums Mariä Geburt. Beachten Sie auch den frühbarocken Stephanusalter an der Ostwand des nördlichen Querhauses sowie den Augustinusalter am ersten Pfeilerpaar links mit einer spätgotischen Muttergottesstatue um 1483 von Erasmus Grasser. Im Chor sehen wir die Stifterfiguen Welf I. und seiner Gemahlin Judith, am dritten Pfeilerpaar die Epitaphien der Äbte Oswald und Prasser.

Das ehemalige Augustinerchorherren-stift Rottenbuch, eingebettet in die typische wellige Wiesen- und Waldlandschaft des Pfaffenwinkels.

Die Rottenbucher Stifts- und heutige Pfarrkirche hat einen frei stehenden Glockenturm, der auf das Jahr 1439 zurückgeht.

GASTHAUS ZUM KOCH / SCHÖNEGGER KÄSEALM
Wer in Klosternähe essen möchte, geht entweder ins Café am Tor (mit Gartenbetrieb) oder ins Gasthaus Zum Koch (einfache, kleine Gaststube sowie Saal, hübscher Biergarten) mit bayerisch-bürgerlicher Küche. – Wenn das Wetter gut ist und man draußen sitzen kann, sollte man bei dieser Tour jedoch besser unterwegs einkehren, und zwar in der Schönegger Käsealm mit schöner Aussicht, Streichelzoo, großem Kinderspielplatz und einer riesigen Käseauswahl (Käsespezialitäten aus silofreier Alpenmilch; donnerstags Schaukäsen).
Gasthaus Zum Koch, Klosterhof 26, 82401 Rottenbuch, Tel. 0 88 67/92 11 95; Dienstag Ruhetag, im November geschlossen.
Schönegger Käsealm, Schönegg 6, 82401 Rottenbuch, Tel. 0 88 67/4 89; April bis Oktober täglich geöffnet.

Während man die Stiftskirche im Zuge der Säkularisation von 1803 zur Pfarrkirche Mariä Geburt umfunktionierte, wurde das Kloster an ein Schweizer Brüderpaar verkauft, das hier angeblich eine Seidenfabrikation und Weinanbau betreiben wollte, die Gebäude jedoch lediglich ausschlachtete und großteils abreißen ließ. Frisch renoviert finden wir im Klosterhof heute noch unter anderem das ehemalige Spitalgebäude, die Zimmerhütte, früher Hospital und Vituskapelle (Rathaus), rechts davon sind in einem anderen ehemaligen Klostertrakt Schule und Gemeindemuseum untergebracht. In der einstigen Stiftsprälatur befindet sich der Klosterladen und angrenzend an Torhaus und Fohlenhof seit 1960 Kloster und Wirkungsstätte der Don-Bosco-Schwestern (Fachakademie für Sozialpädagogik, Berufsfachschule für Kinderpflege, Schule für geistig Behinderte, Sonderschule, Internat und Tagesstätte).

12 KLOSTER STEINGADEN
Vom Welfenmünster zur Wieskirche

ANFAHRT
Auto: Steingaden liegt an der B 17 (Deutsche Alpenstraße) Peiting – Füssen; *Zug* und *Bus* ungünstig.

AUSGANGSPUNKT
Steingaden, Markt-platz; parken in der näheren Umgebung, z. B. in der Welfen-straße.

GEHZEIT
Knapp 3 Stunden.

CHARAKTERISTIK
Überwiegend Naturwege, leicht auf und ab, mehr Schatten als Sonne.

KARTEN
(1:50 000) KOMPASS Nr. 179 Pfaffenwinkel; Bayer. Landesver-messungsamt, Umge-bungskarte Pfaffen-winkel, Staffelsee.

Sechs Jahrhunderte Baugeschichte trennen das romanische Kloster Steingaden und die Rokoko-Wallfahrtskirche zum gegeißelten Heiland auf der Wies – und doch gäbe es Letztere nicht ohne das ehemalige Prämonstratenserchorherrenstift. Abt Hyazinth Gassner von Steingaden war es nämlich, der Dominikus Zimmermann 1743 mit dem Bau der Wieskirche beauftragte. Wir verbinden die beiden sehenswerten Kirchen mit einer wunderschönen Wanderung durch viel Wald und über den so genannten »Brettlesweg«.

Die Wanderung

Vom Marktplatz wenden wir uns in die Welfenstraße, passieren das Klosterbräustüberl, durchqueren, weiterhin geradeaus, den Lagerplatz eines Sägewerks (Markierung »ST 2«) und gelangen so auf einem Fußweg zur Füssener Straße hinaus. Kurz darauf biegen wir nach links in die Schlöglmühlstraße ein. An einem Bachlauf entlang verlassen wir Steingaden, gehen bei der Linkskurve des Wegs geradeaus durch ein Viehgatter, kurz durch die Weide und dann in Wald hinein. Nach etwa einer Stunde treffen wir auf einen querenden Forstweg; auf diesem kurz rechts und bald darauf wieder links ab auf einen schmäleren, beschilderten (»Wies«) Wan-derweg. (Nach rechts zweigt der Weg Richtung »Hiebler« ab, den wir beim Zurückgehen benützen.) Jetzt folgt der hübscheste Teil dieser Wanderung: der »Brettlesweg«

Votivbild des 17. Jahr-hunderts vom Stein-gadener Klosterbrand 1646 im Dreißig-jährigen Krieg.

*Seite 51 oben:
Angrenzend an das Welfenmünster Steingaden ist der Westflügel des Kreuz-gangs aus dem frühen 13. Jahrhundert mit einer Brunnenkapelle des 15. Jahrhunderts erhalten geblieben.*

durchs Naturschutzgebiet Wiesfilz. Und gleich darauf

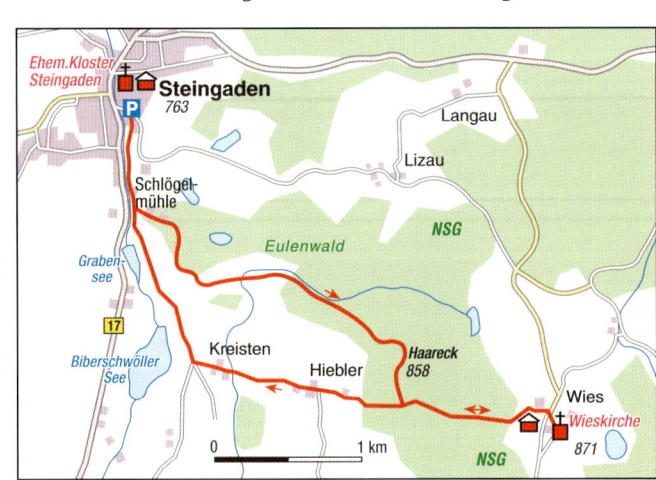

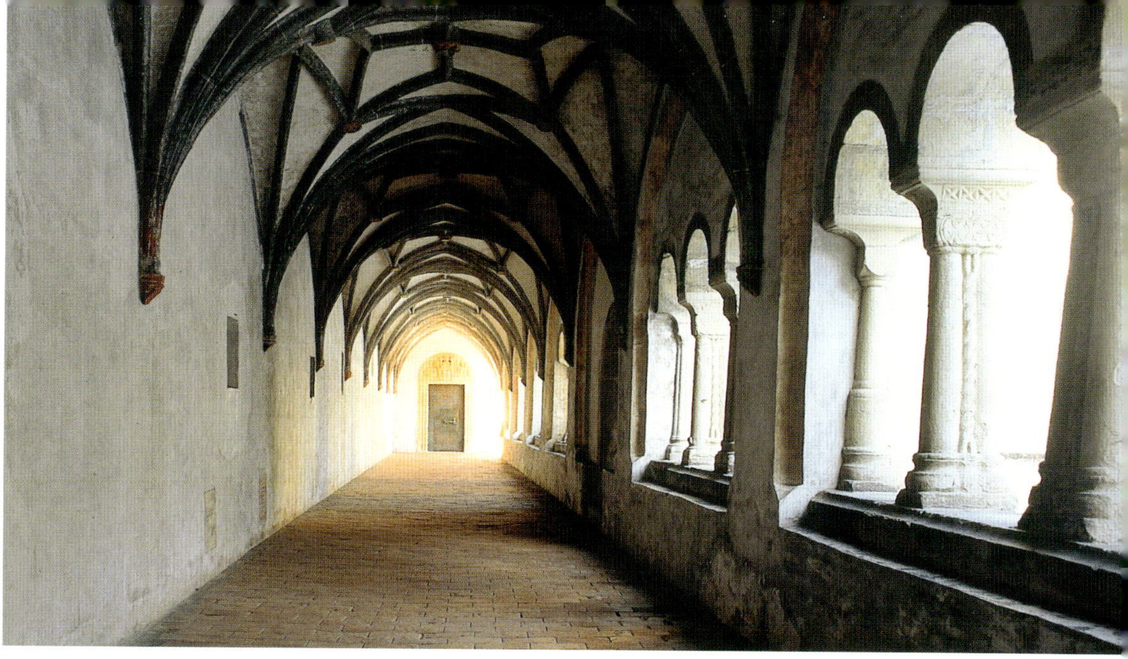

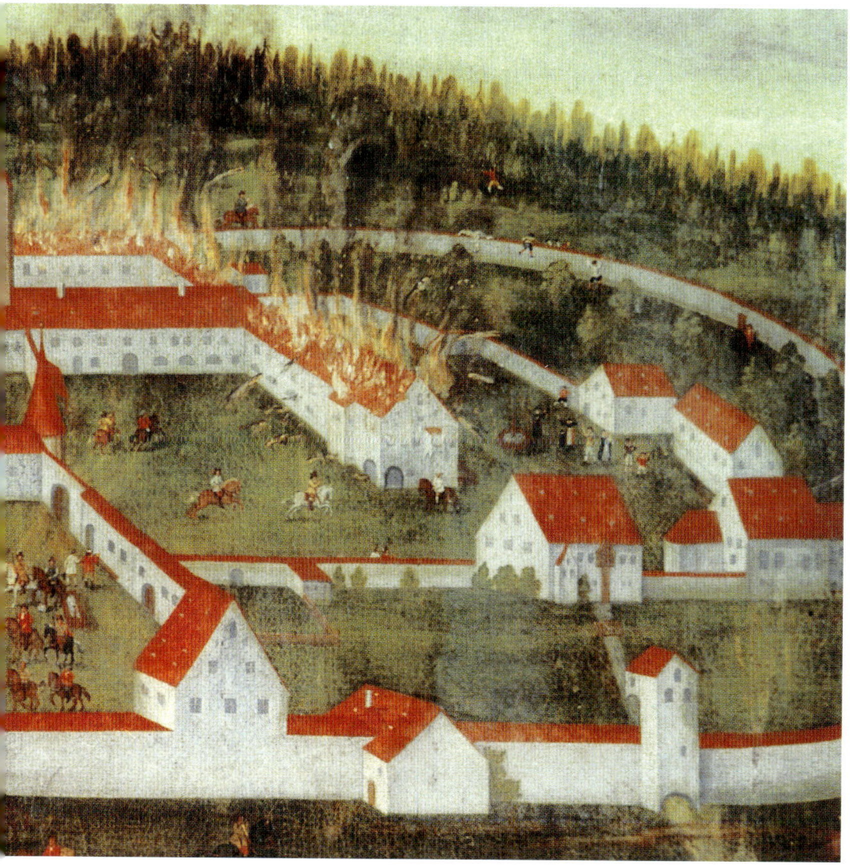

KLOSTER-SPECIALS

Steingaden:

- Patrozinium 24. Juni
- Kirchenführungen nach Anmeldung
- Klosterladen
- Kirchenkonzerte
- Ulrichsritt (Sonntag vor/nach dem 4. Juli)

Wieskirche:

- Besondere Kirchenfeste: Sonntag nach dem 14. Juni, erster Sonntag im September, zweiter Sonntag im Oktober
- Kirchenführungen nach Anmeldung
- Trachtenwallfahrten
- Kirchenkonzerte

Info: Kath. Pfarramt, 86989 Steingaden, Tel. 0 88 62/234. – Kath. Pfarramt Wieskirche 86989 Steingaden-Wies, Tel. 0 88 62/9 32 93-0 sehen wir auch schon die berühmte Wallfahrtskirche jenseits der Wiesen aufragen.

Zurück begehen wir noch einmal die schwankenden Bretter des Brettleswegs und wandern dann an der oben beschriebenen Kreuzung geradeaus, Richtung »Hiebler«, in den Wald hinein. Zunächst abwärts, dann über eine Bachbrücke und anschließend hügelauf erreichen wir den Weiler Hiebler. Auf dem Fahrsträßchen laufen wir durch den Ort und, weiterhin auf Teer, geradeaus weiter. Bei der Einmündung in eine breitere Fahrstraße wenden wir uns auf dieser nach rechts und wandern, vorbei am Biberschwöller- und Grabensee, hinein nach Steingaden, wo wir auf bekanntem Weg zum Ausgangspunkt zurückkehren.

Ehem. Prämonstratenserstift Steingaden

Auch Steingaden ist ein altes Welfenkloster, und zwar wurde es 1147 von Welf VI., dem Enkel des Rottenbuch-Begründers, gestiftet und mit Prämonstratensern besetzt. Bis heute hat das Welfenmünster, ab 1803 Pfarrkirche St. Johannes der Täufer, von außen seinen romanischen Charakter weitgehend bewahrt. Innen erleben wir ein grandioses Zusammenspiel von Romanik, Gotik, Renaissance und Barock bis hin zum Rokoko.

Gleich beim Betreten des Friedhofs steht am Torwärterhaus rechts die romanische Johanniskapelle mit Löwenreliefs neben dem Portal und gotischem Gewölbe, seit 1853 Grablege der Grafen von Dürckheim-Montmartin. Die Vorhalle des Münsters ist spätgotisch (1491) mit einem Kruzifixus sowie Resten eines Freskenzyklus der Welfengenealogie aus dem 16. Jahrhundert. Im großräumigen Kircheninnern geht der Blick zunächst zum Chorraum von 1663 mit dem gewaltigen Hochaltar aus der gleichen Zeit von dem Bernbeurer Schreiner Jörg Pfeiffer und einem Altarblatt von Jo-

Auf dem »Brettlesweg« wandert man durchs Naturschutzgebiet Wiesfilz zur Wieskirche.

Die Wallfahrtskirche zum gegeißelten Heiland auf der Wies: bayerisches Rokokoschmuckkästchen und UNESCO-Weltkulturerbe.

Westansicht des romanischen Steingadener Münsters mit dem erst 2008 fertiggestellten Kloster- bzw. Pfarrgarten.

hann Christoph Storer aus Konstanz sowie zwei großen Figuren (18. Jahrhundert) der Kirchenväter Hieronymus und Augustinus. Das Chorgestühl stellt ein besonders gelungenes Werk aus der Frührenaissance (1534) dar. »Das Mittelschiff gehört zu den schönsten kirchlichen Rokokoräumen Süddeutschlands«, lässt uns der Kirchenführer wissen, und wenn wir uns umschauen, schließen wir uns dieser Meinung gern an: eleganter Stuck von Franz Xaver Schmuzer, Deckengemälde von Johann Georg Bergmüller (Thema: die Gründungsgeschichte Steingadens in Verbindung mit dem Ordensstifter St. Norbert), Arkadenbilder (bedeutende Ordensmänner und -frauen), Kanzel und Gnadenstuhl von dem Füssener Anton Sturm, sechs Seitenaltäre, Welfenepitaphien und Welfengrab (Metallplatte im Mittelgang) sowie weitere historische Grabdenkmäler. Sehenswert ist auch der alte Klosterkreuzgang.

Bei der Säkularisation von 1803 sind auch in Steingaden zahlreiche Klostergebäude zerstört worden; das Kloster selbst wurde nicht mehr reaktiviert.

Wieskirche

1746–1754 von Dominikus Zimmermann erbaut, gilt sie als schönste einheitliche Rokokokirche auf der ganzen Welt (UNESCO-Weltkulturerbe). Beteiligt an der Ausstattung waren die größten Meister ihrer Zeit: Johann Baptist Zimmermann, der Bruder von Dominikus, als Freskant und Stuckateur, Balthasar Augustin Albrecht als Maler des Altarbildes; Anton Sturm schuf die vier Kirchenväter an den Säulenpaaren des Kirchenschiffs sowie die Figuren der Seitenaltäre, Ägid Verhelst die vier Evangelisten und zwei Propheten des Hochaltars, Johann Georg Bergmüller das nördliche Seitenaltarbild, Joseph Mages das südliche Seitenaltarbild. An dieser Stelle weitere Einzelheiten der Ausstattung hervorzuheben ist unmöglich – die Kirche ist ein grandioses Gesamtkunstwerk. Im Hochaltar befindet sich das Gnadenbild des gegeißelten Heilands; ein Tränenwunder begründete einst die Wallfahrt, die bis heute andauert.

KLOSTERBRÄUSTÜBERL / GASTHOF SCHWEIGER

Das rund 350 Jahre alte Gebäude des Steingadener Klosterbräustüberls (mit Biergarten) diente den Mönchen einmal als Marstall, Bedienstetenunterkunft und Kornlager für die nahe gelegene Klosterbrauerei (1914 abgebrannt). Auf der Speisekarte finden wir neben regionalen Gerichten auch Schönegger's Käsespezialitäten (siehe Käsealm, Tour 11). Ebenfalls ein historisches Gebäude ist der Gasthof Schweiger (mit Biergarten) direkt neben der Wieskirche: Es war einmal das Wohnhaus von Dominikus Zimmermann während der Zeit des Kirchenbaus, in welchem der begnadete Baumeister 1766 auch starb. Heute geben sich hier vor allem Touristen die Klinke in die Hand (bayerisch-schwäbische Gerichte, Kaffee und Kuchen).

Schönegger's Klosterbräustüberl, Welfenstraße 10, 86989 Steingaden, Tel. 0 88 62/278; Dienstag Ruhetag.

Gasthof Schweiger, 86989 Steingaden-Wies, Tel. 0 88 62/5 00; täglich geöffnet, 1. November bis Anfang Dezember geschlossen.

13 KLOSTER ETTAL
Zu den Ammerquellen im Graswangtal

ANFAHRT
Auto: Garmischer
Autobahn A 95,
B 2 nach Oberau, B 23
nach Ettal; oder über
Bad Kohlgrub – Ober-
ammergau.
Zug: Zielbahnhof
Oberau oder Ober-
ammergau; *Bus* nach
Ettal.

AUSGANGSPUNKT
Kloster Ettal;
Parkplätze.

GEHZEIT
Etwa 3 Stunden.

CHARAKTERISTIK
Meist ebene Natur-
wege, halb sonnig,
halb schattig.

KARTEN
(1:50 000) KOMPASS
Nr. 5 Wettersteing-
gebirge, Zugspitz-
gebiet; Bayer. Landes-
vermessungsamt,
Umgebungskarte
Werdenfelser Land
oder Pfaffenwinkel,
Staffelsee.

*Von den in diesem Buch beschriebenen Kirchen noch aktiver Benedik-
tinerklöster ist Ettal sicher die monumentalste und beeindruckendste –
allein schon aufgrund der Lage in den Ammergauer Alpen. Beeindruckend, wenn auch auf ganz andere Weise, ist auch unsere Wanderung ins Graswangtal und zur Dickelschwaige, einem ehemaligen
Ettaler Klosterhof, sowie entlang der zahlreichen Talquellflüsschen der
Ammer. Nachdem nämlich ein Großteil des Wassers, das die Ammer und
ihre Seitenbäche von den Bergen herunterbringen, im Schutt des Linder-
grieses versickert ist, tritt es am Rand des Ettaler Weidmooses in vielen
Quellen und Quellchen wieder ans Tageslicht.*

Die Wanderung

Beginnen wir unsere Tour vis-à-vis vom Klosterladen, auf der anderen Seite
der Durchgangsstraße nach Oberammergau. Hier, beim Geschenke- und
Likörladen, den Notalmweg hinein und dann auf dem Wiesenweg schnurstracks hinüber zum Waldrand. Dort treffen wir auf den ausgeschilderten
»Ettaler Rundwanderweg« und wenden uns auf ihm zunächst nach rechts
und später nach links (»Rundwanderweg Linderhof – Ettal«). Der Forstweg
verläuft parallel zur Fahrstraße etwas erhöht im Wald. An der Straßeneinmündung orientieren wir uns am Radwanderschild Richtung »Dickel-
schwaig« nach links und ziehen auf einem breiteren Forstweg weiter.
Schließlich öffnet sich der Blick über Wiesen auf die Forstdienststelle Di-
ckelschwaig, das Dorf Graswang sowie die Bergkulisse. An dem ehemaligen
Klostergehöft mit der hübschen, 1644 erbauten Gertrudiskapelle vorbei gelangen wir geradeaus nach Graswang hinein.
Dort wenden wir uns von der Unteren Dorfstraße in den Sonnenbergweg
und stoßen am Waldrand auf einen querenden Wanderweg (Sonnenweg).
Wir verfolgen ihn nach rechts durch den landschaftlich schönsten Teil

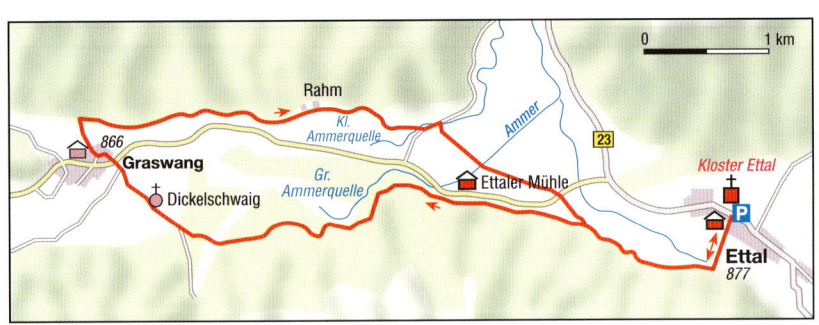

Der Ettaler Kloster-komplex gegen Süden.

dieser Wanderung, in dem die eisig kalten Quellflüsschen der Ammer durch üppig blühende Moorwiesen mäandrieren. Später muss man eine Fahrstraße überqueren und kurz nach links an ihr entlanglaufen. Dann aber geht es, dem Wanderschild »Ettal« folgend, rechts ab wieder durch malerische Natur. Begleitet von Blumenwiesen und Wasserläufen, danach über die Ammerbrücke und an einem ihrer Nebenarme entlang, der später das große alte Holzrad der Ettaler Mühle speist, hin zu dieser idyllisch gelegenen Klostereinkehr.

Anschließend überqueren wir beim Parkplatz die Fahrstraße und nehmen drüberhalb den Fuß-/Radweg geradeaus in Richtung »Ettal«. Bald wird uns der Weg bekannt vorkommen, und wir wandern durch das Waldstück bis zu der Stelle, wo der Wiesenweg zur lange schon sichtbaren Ettaler Kloster-kirche nach links abzweigt.

Benediktinerabtei Ettal

Wie bei anderen Klöstern wird auch über Ettal eine Gründungslegende er-zählt. Derzufolge gab ein Gelöbnis den Ausschlag, daher der Name: Eh-Tal = Ehe-, =Gelöbnis-Tal. An der Stelle, an welcher das Pferd Kaiser Ludwigs des Baiern (= Herzog von Bayern-München, zugleich römisch-deutscher Kaiser Ludwig IV.) bei dessen Rückkehr aus Rom im Jahre 1330 im Ammergau in die Knie gegangen ist, soll der Monarch den Bau eines Klosters gelobt

KLOSTER-SPECIALS
· Patrozinium
  15. August
· Kirchenführungen
  nach Anmeldung
· Ettaler Klosterbier
  (Brauereimuseum)
  und Spirituosen
· Klosterladen
· Schaukäserei
· Kloster auf Zeit
· Verschiedene
  kulturelle Veranstal-
  tungen
Info: Benediktinerabei,
82488 Ettal,
Tel. 0 88 22 / 74-0;
www.kloster-ettal.de

haben. Gleichzeitig stiftete er eine marmorne Marienstatuette hierher, die er von seiner Italienreise mitgebracht hatte und die im Hochaltar der Ettaler Klosterkirche bis auf den heutigen Tag verehrt wird. Seine größte Blütezeit erlebte Ettal um 1700.

Die heutige Benediktinerabtei-, Pfarr- und Wallfahrtskirche Zu unserer lieben Frau wurde nach dem Brand von 1744 nach Plänen von Enrico Zuccalli wiederhergestellt und von Franz Schmuzer weiter ausgebaut. Die im Kern erhalten gebliebene mittelalterliche Anlage bildet ein Zwölfeck mit doppelgeschossigem Umgang, gekrönt von einer barocken, über 70 Meter hohen Kuppel mit einem grandiosen Fresko von Johann Jakob Zeiller. Auf dem so genannten »Himmel« ist die Glorie der benediktischen Gemeinschaft in ihrer Geschichte dargestellt – aufschauend zur Heiligsten Dreifaltigkeit der Ordensgründer Benedikt von Nursia, rechts, etwa in der Querachse, seine Schwester, die heilige Scholastika. Insgesamt sind auf dem Monumentalgemälde, das Zeiller zusammen mit fünf bis sechs

Johann Jakob Zeiller malte das grandiose barocke Fesko in der 70 Meter hohen Kuppel der Ettaler Klosterkirche.

Die Ettaler Mühle von 1761 – einst Kloster-mühle, heute gemüt-liches Wanderwirts-haus mit Biergarten.

**ETTALER MÜHLE /
HOTEL RESTAURANT
LUDWIG DER BAYER**
Bei dieser Wanderung können wir es uns aus-suchen: entweder die kleine, urige Ettaler Mühle mit Biergarten direkt am Wanderweg oder das g'standene Bräustüberl des impo-nierenden Hotels Ludwig der Bayer im Ortskern. Beide Häuser gehören zum Kloster-besitz. Und in beiden wird – neben vorwie-gend traditioneller bayerischer Küche – natürlich Ettaler Klos-terbier ausgeschenkt, das nach dem Motto gebraut wird: »Nicht die ausgestoßenen Hektoliter sind wichtig, sondern die Qualität.«
Ettaler Mühle,
82488 Ettal,
Tel. 0 88 22/64 22;
ganzjährig täglich geöffnet.
Hotel Restaurant Ludwig der Bayer,
Kaiser-Ludwig-Platz 10–12, 82488 Ettal,
Tel. 0 88 22/91 50;
ganzjährig täglich geöffnet.

Gehilfen in vier Sommermonaten gemalt hat, 431 bewegte und bewegende Gestalten zu sehen. Von Zeiller stammen auch das Stiftungsfresko über dem Chorbogen sowie das Gemälde im Sakramentsaltar. Dem zweiten Tiroler Freskanten, Martin Knoller, verdanken wir die Ausgestaltung des Chorraums, das Hochaltarblatt und drei weitere Altarbilder. Blicken Sie auch zurück zur prächtig gerahmten Orgel, ein original erhaltenes Werk von 1753. Ferner: Stuck Johann Georg Üblher und Franz Xaver Schmuzer, Altäre von Johann Baptist Straub, Beichtstühle aus der Oberammergauer Kistlerwerkstatt Zwinck – um nur einige weitere berühmte Künstler und ihre augenfälligsten Werke zu nennen. Weiter vordringen, beispielsweise in die Rokoko-Sakristei oder die altehrwürdige Klosterbibliothek, kann man nur im Rahmen einer Führung.

Das Kloster, wie üblich 1803 säkularisiert, kam 1898 hauptsächlich in den Besitz des Freiherrn Theodor von Cramer-Klett, der ein ebenso großer wie finanzstarker Freund und Gönner der Benediktiner war. Dieser übergab die Gebäude dem Kloster Scheyern, welches Ettal im Jahre 1900 neu belebte. Seitdem herrscht hier wieder echtes benediktinisches Leben unter den rund 55 Mönchen, die ihren Ordensleitspruch »ora et labora« eifrig in die Tat umsetzen. Letzteres vor allem in Form eines international renom-mierten Gymnasiums mit Internat. Daneben unterhalten sie unter anderem auch eine Brauerei und Destillerie und betreiben, mit Unterstüt-zung weltlicher Angestellter, eine eigene Landwirtschaft (mit 80 Milch-kühen), Schreinerei, Bäckerei sowie einen Verlag.

KLOSTER SCHLEHDORF

Vom Kochelsee auf die Glentleiten

ANFAHRT
Auto: Garmischer
Autobahn A 95, Aus-
fahrt Murnau/Kochel,
über Großweil nach
Schlehdorf.
Zug: Zielbahnhof
Kochel; *Bus* nach
Schlehdorf.

AUSGANGSPUNKT
Schlehdorf, Gasthof
Hotel Klosterbräu in
der Seestraße; Park-
platz dahinter.

GEHZEIT
Gut 2 Stunden
(ohne Glentleiten-
Rundgang).

CHARAKTERISTIK
Leicht auf- und ab-
steigend, alternativ auf
Wiesenweg oder Teer-
straße, viel Sonne.

BADEN
Im Kochelsee.

KARTEN
(1:50 000) KOMPASS
Nr. 7 Murnau, Kochel-,
Staffelsee; Bayer.
Landesvermessungs-
amt, Umgebungskarte
Bad Tölz, Lenggries.

Diese Wanderung verbindet zwei kulturelle Highlights im »Blauen Land«, wie der Maler Franz Marc seine Wahlheimat zwischen Murnau und Kochelsee nannte: nämlich Kloster Schlehdorf und das Freilicht-museum an der Glentleiten. Und damit auch ja genügend Zeit für einen informativen Rundgang im Museumsgelände bleibt (zwei Stunden sollte man dafür mindestens veranschlagen), ist die eigentliche Wan-derung ziemlich kurz gehalten. Alles in allem ein abwechslungs- und er-lebnisreicher Ausflug.

Die Wanderung

Wir starten beim Klosterbräu, gehen die Seestraße entlang und dann die Karpfseestraße nach rechts. Sie nennt sich später Renterbühler Straße und verläuft in freie Wiesen hinein. Rechts voraus liegt der kleine Karpfsee, und das Schild »Fußweg zum Freilichtmuseum« lockt uns nach links vom breiteren Weg ab. Auf einem Trampelpfad wandern wir durch die Wiese, später über einen Bach, zwischen Zaundurchlässen hindurch über Vieh-weiden aufwärts, meist durch freies, sonniges Gelände. Nach etwa einer Stunde ist der moderate Anstieg geschafft; vor uns liegt die viel besuchte Ausflugsgaststätte Kreutalm, rechts ab das Freilichtmuseum (ebenfalls mit Einkehrmöglichkeiten).

Retour kann man denselben Weg nehmen. Wer's bequemer – jedoch in der ersten Halbzeit belebter – mag, geht etwa 30 Minuten auf dem Zufahrts-sträßchen Richtung Großweil abwärts. Am Ortsanfang den Angerweg nach rechts und später bei der Gabelung wieder rechts. Eben durch Wiesen wan-

Im Mühlental des Freilichtmuseums an der Glentleiten.

dernd trifft man beim Abzweig des oben genannten »Fußweg zum Frei-lichtmuseum« wieder auf den bekannten Rückweg zum Ausgangspunkt.

Die klassizistische West-fassade der Schlehdorfer Kloster- und Pfarrkirche.

Ehem. Augustinerchorherrenstift Schlehdorf,

heute Kloster der Missionsdominikanerinnen. Den Anfang bildete eine Kirche, die ein gewisser Reginpert aus altbayerischem Hochadel im Scharnitzwald erbauen ließ. 763 ist die Schenkung aller seiner Besitzungen, darunter auch die Hofmark Schlehdorf, an den Bischof von Freising ver-brieft. 772 wurde Kloster Scharnitz an den Kochelsee verlegt – damals noch auf den so genannten Aichelspitz – und zunächst nach den Regeln des heiligen Benedikt geführt. Den ersten Kirchenpatron Dionysius löste 772 der heilige Tertulin ab, ein weithin unbekannter römischer Katakom-benheiliger, dessen Gebeine Papst Hadrian I. dem Schlehdorfer Abt Atto zu-gestand. 1140 übergab Bischof Otto I. von Freising Kloster Schlehdorf den Augustinerchorherren.

1803 wurde es verstaatlicht und erwachte erst knapp 100 Jahre später (1902) unter der Regie der Missionsdominikanerinnen von St. Ursula in Augsburg zu neuem spirituellen Leben. Diese unterhalten hier ein Gäste-

KLOSTER-SPECIALS
- Patrozinium 4. August
- Kirchenführungen nach Anmeldung
- Klosterladen
- Kirchenkonzerte
- Seminare und Kurse im Haus Dominikus
- Kloster auf Zeit
- Adventsmarkt

Info: Kloster der Missionsdomini-kanerinnen, 8244 Schlehdorf, Tel. 0 88 51/18 10

und Seminarhaus, in dem sie vielfältige Kurse für Körper, Geist und Seele anbieten. In der klostereigenen Paramentenstickerei werden Messgewänder und Fahnen hergestellt. Die Landwirtschaft ist heute verpachtet.

Die ehemalige Stifts- und jetzige Pfarrkirche St. Tertulin entstand auf den Grundmauern einer baufällig gewordenen Kirche zu Ehren der heiligen Drei Jungfrauen (Einbetha, Wolbetha, Vielbetha) und hatte vom ersten Spatenstich 1727 bis zur Weihe 1780 eine Bauzeit von über 50 Jahren. Beteiligt daran waren Johann Mayr, Johann Michael Fischer, Balthasar Trischberger und Matthias Krinner. Durch den Eingang an der klassizistischen Westfassade betritt man den klar gegliederten, hellen, überwiegend barock ausgeschmückten Innenraum: Deckengemälde im Langhaus und Chor von Johann Bader (der 1780 in Schlehdorf starb); Hochaltar aus Schlehdorfer Marmor von Kaspar Birkl nach Entwurf von Georg Miller mit Gemälde »Anbetung der Hirten« von Johann Zick; Seitenaltäre im Chor von Tassilo Zöpf, an der Nordseite Marienaltar mit Muttergottesfigur (1684) von Tobias Baader und Tertulin-Reliquienschrein; im Kirchenschiff vier klassizistische Altäre, das Gemälde im Augustinusaltar von Christian Wink – um nur einige »Hingucker« zu nennen.

Kloster Schlehdorf der Missionsdominikanerinnen nach Süden gegen Jochberg.

Volksmusikanten-treffen vor einer Alm-hütte des Freilicht-museums an der Glentleiten.

Freilichtmuseum an der Glentleiten

Auf einem weitläufigen Wiesenbuckel nordwestlich überm Kochelsee – mit traumhaftem Blick auf Herzogstand und Jochberg, den See, das Kloster und bis weit ins Umland – liegt das Freilichtmuseum des Bezirks Oberbayern. Auf über 25 Hektar Ausstellungsfläche wurde hier ein Stück Oberbayern wieder aufgebaut, wie es vor 50, 100 oder noch mehr Jahren Bestand hatte, ehe es der Modernisierung und Technisierung unserer Tage weichen musste: Bauernhöfe, Kleinhäusleranwesen und Almen, Handwerks- und Gewerbebetriebe, Küchen, Stuben, Kammern, Ställe und Scheunen, Bauern-gärtchen und Streuobstwiesen – insgesamt stehen an die 60 Bauwerke auf dem Areal, das zudem mit Nutztierrassen belebt ist. Vorführungen von Tä-tigkeiten aus der »guten alten Zeit« sowie wechselnde Sonderausstel-lungen sorgen für ein zusätzliches informatives Schauerlebnis. Und für das leibliche Wohl eine Gaststätte wie auch der Kramerladen.

Freilichtmuseum an der Glentleiten, 82439 Großweil, Tel. 0 88 51/185-0; ge-öffnet Mitte März bis Mitte November Dienstag bis Sonntag 9–18 Uhr, Juni bis September sowie an Feiertagen auch montags.

GASTHOF HOTEL KLOSTERBRÄU / FISCHERWIRT
Eng mit dem Kloster verbandelt ist der Gasthof Klosterbräu, dessen Geschichte sich bis ins Jahr 1317 zurück-verfolgen lässt. Beson-ders stolz ist man hier auf die beiden promi-nentesten historischen Gäste: König Maximi-lian II. und König Ludwig II. aus dem Hause Wittelsbach. Auch wir sind heut-zutage im Klosterbräu gut aufgehoben, am besten im Bräustüberl oder bei weniger gu-tem Wetter im Winter-garten mit See- und Bergblick. Serviert werden traditionelle bayerische sowie Fisch-gerichte und hausge-machte Kuchen.
In punkto Ambiente und Küche mehr her macht dagegen der Fischerwirt (mit Biergarten) am Fuße des Klosterhügels.
Gasthof Hotel Kloster-bräu, Seestraße 2, 82444 Schlehdorf, Tel. 0 88 51/2 86; Oktober bis Mai Dienstag Ruhetag.
Fischerwirt, Unterauer Straße 1, 82444 Schlehdorf, Tel. 0 88 51/4 84; November bis Juni Donnerstag Ruhetag.

KLOSTER BENEDIKTBEUERN
Entlang der Loisach zum ältesten Benediktinerkloster

ANFAHRT
Auto: Garmischer Autobahn A 95, Ausfahrt Murnau/Kochel, weiter nach Kochel.
Zug (für diese Wanderung vorzuziehen): Zielbahnhof Kochel.

AUSGANGSPUNKT
Kochel, Triministraße an der Loisachbrücke; Parkplatz.
Zugang ab Bahnhof: Friedzaunweg rechts, Döllerfeldweg links (»Trimini/zum See«) hinaus zur Fahrstraße, Fußweg nach rechts an dieser entlang zur Loisachbrücke.

GEHZEIT
Etwa 2 1/4– 2 3/4 Stunden (einfache Strecke).

CHARAKTERISTIK
Ebene, meist sonnige Naturwege.

KARTEN
(1:50 000) KOMPASS Nr. 7, Murnau, Kochel, Staffelsee; Bayer. Landesvermessungsamt, Umgebungskarte Bad Tölz, Lenggries.

739/40 unter Mitwirkung des heiligen Bonifatius durch die drei Brüder Lantfried, Waldram und Eliland aus dem Uradelsgeschlecht der Huosi gegründet, gilt Benediktbeuern als ältestes Kloster im bayerischen Voralpenland. In den historischen Mauern vereinigen sich heute klösterliches und weltlich-kulturelles Leben zu einer gelungenen Symbiose. Schon von Weitem grüßen uns bei der Wanderung durch das Landschafts- und Naturschutzgebiet der Loisachfilze die Doppelzwiebeltürme der altehrwürdigen Klosterkirche.

Die Wanderung

An der Kochler Loisachbrücke orientieren wir uns am Wegweiser »Brunnenbach/Benediktbeuern/Loisach-Rundweg«. Links die grüne Loisach, rechts Mooswiesen mit ihrer typischen Vegetation, so wandern wir auf dem Naturwegerl beschaulich flussabwärts. Brunnenbach bleibt rechts liegen, später geht es nach rechts über eine Brücke. Hier kann man auf einem breiteren Weg geradeaus und anschließend im Linksbogen nach Benedikt-

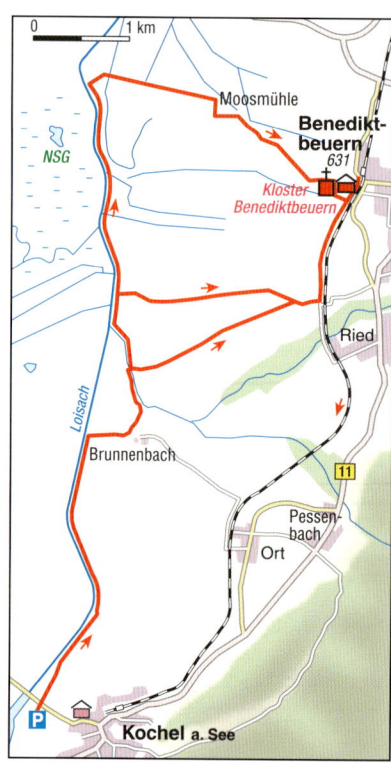

Die Wanderung entlang der Loisach nach Benediktbeuern startet in Kochel am gleichnamigen See.

*Die barocke Kloster-
und Pfarrkirche Bene-
diktbeuern mit der
Mitte des 18. Jahrhun-
derts angebauten
Anastasiakapelle (links).*

KLOSTER-SPECIALS
- Patrozinium 11. Juli
- Kirchen- und
  Klosterführungen
  nach Anmeldung
- Klosterladen
- Klosterliköre
- Konzerte in der
  Klosterkirche und im
  Barocksaal; Open-
  Air-Aufführungen
  im Klosterhof; Kunst-
  märkte und Ausstel-
  lungen im Kloster
- Meditationsgarten
  (Labyrinth) und
  Erlebnis-Feucht-
  biotope
- Leonhardiritt (Sonn-
  tag vor/nach dem
  6. November)
- Barocke Kloster-
  krippe in der Kirche
  im Ort (Weihnachts-
  zeit)
- Veranstaltungs-
  programm des ZUK
- Historische Fraun-
  hofer-Glashütte

Info: Salesianer
Don Boscos,
83671 Benediktbeuern,
Tel. 0 88 57/88-0. –
Zentrum für Umwelt
und Kultur (ZUK),
Zeilerweg 2,
83671 Benediktbeuern,
Tel. 0 88 57/8 87 77;
www.kloster-
benediktbeuern.de

beuern weitergehen (kürzeste Strecke, aber mehr Radler). Oder man wendet sich auf einem schmäleren Weg nach links (»Rundweg 1«), weiterhin entlang der Loisach, bis zu einem Flurkreuz; hier rechts (»Rundweg 1 a«) und nach der Einmündung in den oben erwähnten Weg links zum Kloster. Oder (längere Variante) man wandert auf dem Uferweg etwa eine halbe Stunde weiter flussabwärts, bis ein Wegweiser nach rechts Benediktbeuern anzeigt. Zunächst noch durch Auwald, dann durch freie Flur, vorbei an schön angelegten Erlebnis-Feuchtbiotopen, und in einem Rechts-/Linksknick (»Rundweg 1«) zum Kloster und Klosterbräustüberl.

Für den Rückweg kann man sich eine der oben beschriebenen Varianten aussuchen, oder – damit mehr Zeit zum Besichtigen und Verweilen bleibt – man nimmt den Zug (Fahrplan hängt im Klosterbräustüberl aus).

Ehem. Benediktinerabtei Benediktbeuern,

heute Kloster der Salesianer Don Boscos. Am sehenswertesten – neben der vorbildlich renovierten Klosteranlage (1669–1732) – ist die ehemalige Abtei- und heutige Pfarrkirche und Päpstliche Basilika St. Benedikt (Neubau 1681–1686), eine der ersten bedeutenden Barockkirchen auf dem Land in Oberbayern. Der einschiffige Wandpfeilerbau mit seinen insgesamt neun kreuzgewölbten Seitenkapellen ist mit voluminösem Stuck verziert, der auch die Deckenfresken von Hans Georg Asam festlich umrahmt. Hinter dem Hochaltar befindet sich die Sakristei und darüber der durch zwei Rundbogenfenster mit dem Kircheninnern verbundene Psallierchor. Im Hochaltar aus Schlehdorfer Marmor wird das säulengerahmte Gemälde der heiligsten Dreifaltigkeit mit Maria und Benedikt von den überlebensgroßen Stuckfiguren der Heiligen Bonifatius und Ulrich flankiert. Weitere beachtenswerte, von namhaften Künstlern gestaltete Altäre schmücken die Seitenkapellen. Die acht Meter hohe Kanzel leitet stilistisch von der Spätrenaissance zum Frühbarock über. Auf der doppelgeschossigen Empore verbirgt sich in einem Gehäuse aus dem späten 18. Jahrhundert die historische Orgel von 1681/86.

Vom Frühling bis zum Spätherbst viel besucht ist das Labyrinth des Meditationsgartens an der Westseite des Meierhofs. Angeordnet um einen Quellstein im Zentrum findet man hier in vier Beetkreisen historische, heilkundliche, kulinarische und symbolhafte Pflanzen.

Angebaut an die Nordostecke der Kirche ist die Anastasiakapelle (Eingang von außen), ein herrlicher Rokokoraum mit ovalem Grundriss, der 1751–1753 von Johann Michael Fischer errichtet und anschließend von Johann Michael Feichtmayr stuckiert wurde. Letzterer gestaltete auch den Hochaltar und die Wandgliederung aus Stuckmarmor, während von Ignaz Günther die Figuren an den beiden Seitenaltären stammen. Johann Jakob Zeiller malte hier eines seiner schönsten Deckenfresken und Jacopo Amigoni die Gemälde im Haupt- und nördlichen Seitenaltar sowie Martin Knoller jenes im südlichen Seitenaltar. Ziel der jahrhundertealten Wallfahrt ist die Kopfreliquie der frühchristlichen Märtyrerin Anastasia, die auch heute noch bei Kopf- und Nervenleiden angerufen wird.

Bei einem Klosterrundgang kann man den Kreuzgang (romanische Grundmauern und gotisches Gewölbe), das gotische Refektorium (geschnitzte Holzdecke) und den barocken Kapitelsaal (voluminöser Stuck) besichtigen. Weitere Gebäude wie die ehemalige Bibliothek sind nur im Rahmen einer Führung zugänglich.

Was geschah nach 1803? Die Klosterkirche wurde Pfarrkirche, das Kloster für dreizehn Jahre Eigentum des Freiherrn Josef von Utzschneider, der hier eine Glasschmelze und zusammen mit Joseph von Fraunhofer ein mathematisch-optisches Institut einrichtete. 1819–1930 wurden die nun in Staatsbesitz befindlichen Gebäude als Kaserne, Invalidenheim und Militärfohlenhof genutzt. 1930 erwarben schließlich die Salesianer Don Boscos die Kosteranlage und richteten eine Philosophisch-Theologische Hochschule ein. Neben der Nachwuchsförderung widmen sie sich der Jugendarbeit. Des Weiteren sind im ehemaligen Meierhof das Zentrum für Umwelt und Kultur (ZUK) sowie das Trachteninformationszentrum des Bezirks Oberbayern untergebracht.

Die Gebirgsschützen dürfen bei der feierlichen Benediktbeuerner Fronleichnamsprozession nicht fehlen.

KLOSTERBRÄUSTÜBERL
Was vor annähernd 300 Jahren der Rinderstall der Klosterökonomie war, ist seit 1990 eine viel frequentierte Gaststätte: dunkles Holz und Schmiedeeisen unterm behäbigen Kreuzbogengewölbe, vor dem Haus ein Biergarten und auf dem Tisch schmackhafte regionale Küche.
Klosterbräustüberl, Zeiler Weg 2, 83671 Benediktbeuern, Tel. 0 88 57/94 07; ganzjährig täglich geöffnet.

16 KLOSTER SCHÄFTLARN
Wanderung an und über der Isar

ANFAHRT
Auto: Garmischer
Autobahn A 95, Aus-
fahrt Schäftlarn, über
Hohenschäftlarn nach
Kloster Schäftlarn.
S-Bahn: S 7 bis Eben-
hausen-Schäftlarn
und auf bezeichnetem
Fußweg hinunter zum
Kloster (hin und zu-
rück zusätzlich etwa
3/4 Stunden Gehzeit).

AUSGANGSPUNKT
Kloster Schäftlarn;
Parkmöglichkeiten.

GEHZEIT
Gut 2 Stunden.

CHARAKTERISTIK
Größtenteils Natur-
wege, mitunter leicht
auf-/abwärts, Sonne
und Schatten im
Wechsel.

BADEN
In der Isar.

KARTEN
(1:50 000) KOMPASS
Nr. 180, Starnberger
See, Ammersee; Bayer.
Landesvermessungs-
amt, Umgebungskarte
Ammersee, Starn-
berger See.

Kloster Schäftlarn ist ein klassisches Ausflugsziel im Münchner Süden. Besonders reizvoll seine idyllische Lage nahe der Isar, die hier zwischen bewaldeten Moränenhügeln behäbig der Landeshauptstadt entgegen- strömt. Die wertvolle barocke Klosterkirche lohnt vor allem nach Ab- schluss der Renovierung (voraussichtlich 2010) wieder einen Besuch. Ein- kehren kann man gleich gegenüber im rustikalen Klosterbräustüberl mit großem Biergarten.

Die Wanderung

Wir verlassen den Schäftlarner Klosterkomplex in Richtung Süden und ge- langen auf einem Fuß-/Radweg entlang der Fahrstraße durch eine Allee schnell zur Isar. Auf der Dürnsteiner Isarbrücke (rechts Gasthof Brucken- fischer) über Isar und Werkkanal, danach wenige Schritte nach rechts und links das Waldwegerl hangaufwärts (»Beigarten 1,5 km«). Schon bald treffen wir wieder auf die Fahrstraße. Wir wenden uns auf ihr nach links und gehen

das erste abzweigende Sträßchen links hinein. Leicht ansteigend durch Wiesen stoßen wir auf eine Teerstraße und halten mit ihr Ein- zug im Dorf Beigarten.

Geradeaus durch den Ort und oben links ab auf einen Naturweg (Rich- tung »München/Grünwald«). Vor- bei am Städtischen Gut Beigarten erfreuen wir uns an schönen Aus- blicken und erreichen als Nächstes Deigstetten. Am Ortsanfangschild rechts, leicht abwärts, und beim Ortsendeschild links. Durch den Golfplatz halten wir uns bei der Weggabelung links, abwärts, und kommen nach einem Waldstück wieder auf freies Feld; vor uns liegt der Einödhof Epolding. Wir folgen dem Wegverlauf geradeaus am Haus vorbei und bummeln dann links durch Mischwald abwärts; links durch die Bäume sieht man bereits das Wasser des Isarwerkkanals heraufblitzen, den wir bald erreicht haben. Auf dem Teersträßchen an ihm entlang nach rechts passieren wir das E-Werk und landen schließlich beim historischen Gast- haus zur Mühle in Mühlthal.

Für den Rückweg überqueren wir die Brücke zum E-Werk und steigen wenig später über Treppenstufen zum Dammweg hinauf, dem wir fluss-

KLOSTER-SPECIALS
• Patrozinium
  16. Februar und
  9. Oktober
• Kirchenführungen
  nach Anmeldung
• Klosterladen
• Klostergärtnerei
• Kirchenkonzerte
• Heiliges Grab
  (Kartage)
Info: Benediktinerabtei,
82067 Kloster
Schäftlarn,
Tel. 0 81 78 / 7 90;
www.abtei-
schaeftlarn.de

aufwärts bis zur Dürnsteiner Brücke folgen. Von dort rechts ab sind wir auf bekanntem Weg schnell wieder beim Kloster Schäftlarn.

Benediktinerabtei Schäftlarn

Bis ins Jahr 762 zurück reicht die Geschichte von Kloster Schäftlarn. Die Klosterkirche St. Dionysius und St. Juliana (»eine der bedeutendsten Spätbarockschöpfungen im barockreichen Bayern«) entstand während eines längeren Zeitraums: 1733–1740 Chor und Apsis nach Plänen von François Cuvilliés d. Ä., Langhaus 1751–1754 durch Johann Baptist Gunetzrhainer und Johann Michael Fischer. Mit Johann Baptist Zimmermann und Martin Heigl, zuständig für Stuckaturen und Fresken (man schaue sich insbesondere das Gründungsfresko im Deckengewölbe an), über Johann Baptist Straub und seiner Werkstatt, aus der sämtliche Bildhauerarbeiten von den Altären bis hin zu den Figuren hervorgingen, und Balthasar Augustin Albrecht, der die Gemälde für den Haupt-, Rosenkranz- und Kreuzaltar schuf, zeichnen für die Innenausschmückung die ganz großen Meister des bayerischen Spätbarock und Rokoko verantwortlich.

Wenn auch durch die Fahrstraße getrennt, bilden Kloster Schäftlarn (oben) und das Klosterbräustüberl (unten) eine Einheit.

KLOSTERBRÄUSTÜBERL
Vis-à-vis von Klosterkirche und Fahrstraße befindet sich in einem gleichfalls zum Kloster gehörenden Gebäudetrakt das rustikale Klosterbräustüberl. Das Essen ist bayerisch-bürgerlich; als Sonntagsbraten gibt's beispielsweise ofenfrische Bauernente. Im großen Kastanienbiergarten ist an ungedeckten Tischen Selbstbedienung angesagt, auch der eigene Brotzeitkorb darf ausgepackt werden.
Klosterbräustüberl,
Kloster Schäftlarn 16, 82067 Ebenhausen, Tel. 0 81 78 / 36 94; ganzjährig täglich geöffnet.

Kloster Schäftlarn heute: Nach der Säkularisation im Jahre 1803 wurde die Benediktinerabtei durch König Ludwig I. 1866 wiederbelebt. Gymnasium, Internat und Tagesheim bilden heute das Hauptwirkungsfeld der Mönche.

KLOSTER BEUERBERG

17

Zwischen Schloss und Kloster an der Loisach

ANFAHRT
Auto: Garmischer
Autobahn A 95, Aus-
fahrt Wolfratshausen
oder Seeshaupt, weiter
nach Eurasburg.
S-Bahn: S 7 bis
Wolfratshausen;
Bus nach Eurasburg.

AUSGANGSPUNKT
Eurasburg, Landgast-
hof Sprengenöder Alm;
Parkplatz.

GEHZEIT
Etwa 1 3/4 Stunden.

CHARAKTERISTIK
Überwiegend
geteerte Radwege bzw.
Naturweg entlang
dem Loisachdamm,
meist sonnig.

KARTEN
(1:50 000) KOMPASS
Nr. 180, Starnberger
See, Ammersee;
Bayer. Landesvermes-
sungsamt, Umge-
bungskarte Ammersee,
Starnberger See.

*Die Ortschaften Eurasburg und Beuerberg, die wir mit dieser Wan-
derung verbinden, stehen sich nicht nur geografisch, sondern auch
historisch nahe. In Eurasburg ist 1121 eine Burg der Iringer nachweislich.
Als Albert von Iringsburg im Kirchenbann gestorben war, begründeten
seine Frau und die Söhne Otto und Eberhard als Sühne 1121 das Augustinerchorherrenstift Beuerberg. – Herzog Albrecht, Bruder von Kurfürst
Maximilian, ließ die alte Eurasburger Burg abbrechen und 1626–1630
das jetzige Schloss nach Plänen von Peter Candid errichten. Nach einem
Brand von 1976 wurde es zu Eigentumswohnungen umgebaut.*

Die Wanderung

Die Sprengenöder Alm ist als Start und Ziel für diese Wanderung doppelt
prädestiniert: Einmal stehen hier genügend Parkplätze zur Verfügung, zum
andern kann man prima einkehren. Wir beginnen beim Kinderspielplatz
und steigen auf einem Wiesenpfad bergab, bis wir auf einen geteerten
Radweg treffen. Auf diesem nach rechts und immer geradeaus weiter, bis
wir in Beuerberg an der Wolfratshauser Straße herauskommen. Drüberhalb
die Straße Am Pfarranger geradeaus, die Kuglstadtstraße links und die
Klosterstraße rechts zum Kloster.
Weiter geht's an der westlichen Kirchenmauer entlang und dann auf Treppenstufen abwärts zum Gasthaus zur Mühle am Loisachwehr. Hier werden

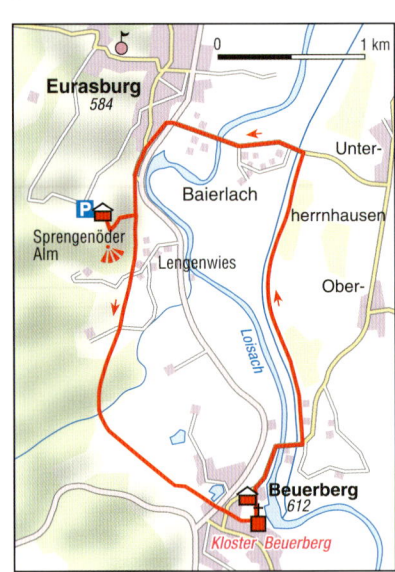

*Wasser – hier die
Loisach – ist für
Kinder beim Wandern
immer eine beliebte
Abwechslung.*

KLOSTER-SPECIALS
- Patrozinium 29. Juni
- Kirchenführungen
  nach Anmeldung
- Konzerte und andere
  Veranstaltungen im
  Pfarrsaal (= ehem.
  Zehentstadel des
  Klosters, 1704)

Info: Kath. Pfarramt,
82547 Beuerberg,
Tel. 0 81 79 / 3 98

Loisach und Loisach-Isar-Kanal getrennt. Wir wandern von der Mühle die Straße geradeaus, stromabwärts, überqueren die Loisachbrücke und wenden uns auf dem Dammweg nach links. Der sonnige Weg findet an der nächsten Brücke, vor Baierlach, ein Ende. Auf der Straße links in den Ort, geradeaus weiter und über die Loisach nach Eurasburg. Hier hinaus zur T-Kreuzung an der Staatsstraße, diese überqueren und auf dem Radweg nach links, bis wir wieder zur Einmündung des Wegs kommen, der rechts hinauf zur Sprengenöder Alm führt.

Ehem. Augustinerchorherrenstift Beuerberg,

heute Kloster der Salesianerinnen. In der einstigen Stifts- und heutigen Pfarrkirche St. Peter und Paul, einem Neubau von 1629–1635, fällt als Erstes der monumentale Hauptaltar (Gemälde von Elias Greither, Apostelfiguren von Bartholomäus Steinle) auf. Er und die nicht weniger als zehn Nebenaltäre sowie die übrige Ausstattung sind ein seltenes Beispiel für die Kunsttätigkeit in Bayern während des 30-jährigen Krieges. 1729 entstand ein neues Stiftsgebäude, und Beuerberg entwickelte sich zu einem Zentrum der Wissenschaften, insbesondere der historischen Forschung mit umfangreicher Bibliothek.

32 Jahre nach der Säkularisation, 1835, erwarb der Orden der Salesianerinnen das Kloster. Einen Trakt, mit eigener Hauskirche, bewohnen die Nonnen heute noch; im anderen unterhält die Regierung von Oberbayern ein Übergangswohnheim.

Nicht gerade alltäglich für so einen kleinen Ort wie Beuerberg: Nahe der Klosterkirche steht noch ein zweites stattliches Gotteshaus: die sehenswerte Friedhofskirche St. Maria, bis zur Säkularisation Pfarrkirche, mit wunderschöner Spätrokokoausstattung.

LANDGASTHOF SPRENGENÖDER ALM / GASTHAUS ZUR MÜHLE

Sie können wählen: Wirtshaus und Biergarten mit Aussicht (Sprengenöder Alm) oder direkt am Loisachufer (Zur Mühle). Beide haben zwar mit dem Kloster nichts zu tun, sind aber ideale Einkehrstätten in Eurasburg bzw. Beuerberg: gemütlich bayerisch mit guter regionaler Küche.

Landgasthof Sprengenöder Alm,
Sprengenöd 4,
82547 Eurasburg,
Tel. 0 81 79 / 93 10-0;
Oktober bis Mai
Donnerstag Ruhetag.

Gasthaus Zur Mühle,
Loisachweg 47,
82547 Beuerberg,
Tel. 0 81 79 / 88 32;
Dienstag und
Mittwoch Ruhetage.

18 KLOSTER DIETRAMSZELL
Durch den Zeller Wald zum Hackensee

ANFAHRT
Auto: B 13 Richtung
Holzkirchen, südwest-
lich nach Dietramszell.

AUSGANGSPUNKT
Kloster Dietramszell;
Parkplatz hinterm
Pfarrheim.

GEHZEIT
Etwa 2 1/4 Stunden.

CHARAKTERISTIK
Schattige, über-
wiegend ebene Forst-
straßen und -wege.

BADEN
Im Hackensee.

KARTEN
(1:50 000) KOMPASS
Nr. 180, Starnberger
See, Ammersee;
Bayer. Landesver-
messungsamt, Umge-
bungskarte Ammersee,
Starnberger See.

Etwas im Abseits der Münchner Hauptausfallstraßen gen Süden haben Ort und Landschaft um das einstige Augustinerchorherrenstift Dietramszell viel von ihrem ländlichen Charme bewahren können. Vor allem wer gern durch stille, schattige Wälder wandert, kommt hier voll auf seine Kosten. Und auch, wer schon im Juli eine Leonhardifahrt miterleben möchte.

Die Wanderung

Nach der Kirchenbesichtigung gehen wir vom Klosterplatz die Straße in Richtung »Holzkirchen« hinein, passieren das Pfarrheim und biegen bald danach rechts in das anfangs geteerte Nebensträßchen Richtung »Sachsenkam/Pelletsmühl« ein. Es bringt uns in den ausgedehnten Zeller Wald, in dem Markierungen und Hinweisschilder allerdings Mangelware sind. So sind Ortsunkundige manchmal auf die eigenen Pfadfinderqualitäten angewiesen – und auf eine Armbanduhr. Denn ziemlich genau nach 25 Minuten (bei gemütlicher Gangart) ab Parkplatz verläuft von unserer Forststraße ein Weg (der erste etwas besser ausgebaute) nach links in den Wald hinein. Diesen wandern wir nun weiter, etwas ansteigend und immer geradeaus haltend bis zur Einmündung in ein querendes Straßerl. Rechts ab sind wir dann auch schon am verschilften Ufer des kleinen Hackensees mit Wasserwacht-Bootshaus und Badesteg angelangt.

Den gleichen Weg wandern wir später auch wieder zurück. – Um die Rast am romantischen See noch mehr genießen zu können, empfiehlt es sich, Brotzeit und Getränke mitzunehmen.

Ganz von Wald umgeben ist der kleine Hackensee östlich von Dietramszell.

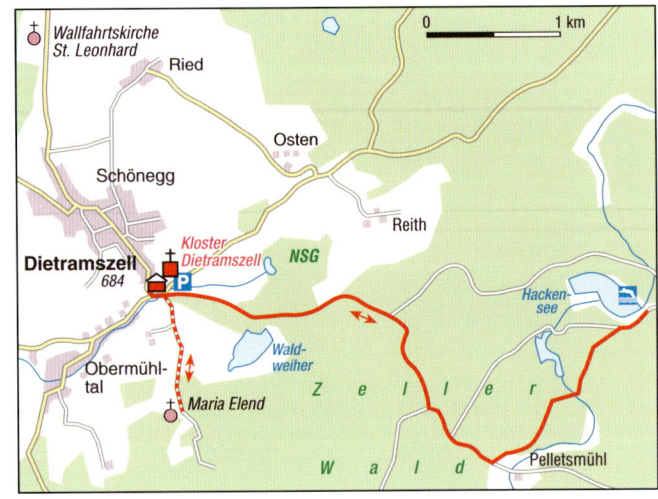

Ehem. Augustinerchorherrenstift Dietramszell,

heute Kloster der Salesianerinnen. Um 1100 stiftete der Benediktinerabt Udalschalk vom Kloster Tegernsee auf klostereigenem Gebiet in Eglingerfurt, wie das heutige Dietramszell damals hieß, eine erste klösterliche Niederlassung und besiedelte sie mit Augustinermönchen; der Gründungspropst hieß Dietram. Aus der »cella beati Martini« entwickelte sich eine Chorherrenpropstei, die schon bald bestreb war, sich dem Einfluss Tegernsees zu entziehen, was zu verschiedenen Versionen über die Klostergründung sowie zu Urkundenfälschungen führte. 1170/73 erhielt die Stiftung den Namen des Gründungspropstes: »cella de Dietrammi«. Aus

Kloster Dietramszell mit dem Turm der spätbarocken Kloster- und Pfarrkirche Mariä Himmelfahrt.

KLOSTER-SPECIALS
- Patrozinium 15. August
- Kirchenführungen nach Anfrage
- Im Kloster: Seminare und andere kulturelle Angebote
- Konzerte
- Klosterarbeiten (auch auf Bestellung)
- Leonhardifahrt (3. Samstag im Juli)

Info: Kloster der Salesianerinnen, 83623 Dietramszell, Tel. 0 80 27/8 01; www.kloster-dietramszell.de

18

Die kleine Wallfahrts-kapelle Maria Elend im Zeller Wald kann besichtigt werden.

Blick vom Waldweiher auf die Dietramszeller Klosterkirche.

den ersten Jahrhunderten der Klostergeschichte sind vor allem zwei Brände überliefert (12. und Mitte 17. Jahrhundert); bei letzterem wurden Kloster und Kirche samt Innenausstattung, Bibliothek und Archiv-unterlagen nahezu vollständig zerstört.

Im 18. Jahrhundert erlebte Dietramszell dann eine Blütezeit. Damals – 1729–1745 – wurde auch die ehemalige Stifts- und heutige Pfarrkirche Mariä Himmelfahrt neu erbaut, und zwar durch Magnus Feichtmayr und Lorenz Sappl. Es handelt sich um eine Wandpfeilerkirche zu fünf Jochen mit eingezogenem, gerade schließendem Chor, Emporen in den Seitenkapellen und Südturm. Sie entstand in Nachfolge der Münchner Michaelskirche und weist Ähnlichkeiten mit der ungefähr 100 Jahre älteren Augustinerchor-herrenstiftskirche in Beuerberg (siehe Tour 17) auf. Für die Innenaus-stattung zeichnen vor allem drei hervorragende Künstler des Spätbarock bzw. Rokoko verantwortlich: der Maler und Stuckateur Johann Baptist Zim-mermann sowie die Bildhauer Franz Xaver Schmädl und Philipp Rämpl. Von Zimmermann stammen der zierliche Stuck und die Deckengemälde (Hauptbild des Langhauses: Gründung des Klosters unter der Schirmherr-schaft des heiligen Augustinus), ferner die Gemälde im gewaltigen, säulen-flankierten Hochaltar (»Mariä Himmelfahrt«), Augustinusaltar, Altar der heiligen Monika und Magdalenenaltar. Von Schmädl die beiden Monumentalfiguren der Heiligen Johannes Nepomuk und Petrus Furier

Die Dietramszeller Leonhardifahrt findet jedes Jahr am 3. Samstag im Juli statt.

am Chorbogen sowie die Kanzel, ferner Skulpturen am Kreuzaltar, Rosen-kranzaltar und Augustinusaltar. Und von Rämpl schließlich die Skulpturen St. Johannes der Täufer am linken und St. Stephan am rechten Seitenaltar im Chor sowie die Figurengruppe der Heiligen Margaretha, Katharina und Agatha am Katharinenaltar.

Wer eine Kirchenführung mitmacht, darf auch einen Blick in die St.-Martins-Kirche werfen, die rechtwinklig zur Stiftskirche in den Nordwest-trakt der Klostergebäude hineingebaut ist. Auch hier hat Johann Baptist Zimmermann Stuck und Fresken geschaffen. Diese Kirche wurde 1717–1722 erbaut, war bis 1851 Dietramszeller Pfarrkirche und ist seit 1857 Hauskirche der Salesianerinnen.

Der Säkularisation von 1803 fiel mit Dietramszell ein gut bestelltes Kloster anheim, das zudem reich an Land-, insbesondere Waldbesitz war. Den südlichen Teil der Klostergebäude erwarb damals der Baron von Schilcher, dessen Nachfahren nach wie vor der Zeller Wald gehört und die unweit des Klosters wohnen. Im nördlichen Klostertrakt unterhielten Salesianerinnen, die 1831 von Indersdorf gekommen waren, bis 1992 eine Mädchenschule (jetzt hier Gemeinde- und Montessori-Kindergarten). Heute bieten sie ein kulturelles Programm hinter Klostermauern an: Seminare, Vorträge, Konzerte im Barocksaal. Außerdem machen die kunstfertigen Schwestern herrliche Klosterarbeiten (das sind filigrane Golddrahtarbeiten nach alten Mustern), von verzierten Kerzen bis hin zu Fatschenkindln.

KLOSTERSCHÄNKE
In Dietramszell ist es so, wie es sich seit alters her in Bayern gehört: hier das Kloster, gleich daneben die Kloster-schänke. Die Gast-stube im gediegenen Bräuhausstil unterm historischen Gewölbe, ein ruhiger Terrassen-biergarten hinterm Haus und ordentliche bayerisch-bürgerliche Küche. Das Gebäude ist übrigens der äl-teste Teil des Klosters, da es die beiden großen Klosterbrände überstanden hat. Be-reits die Augustiner-chorherren betrieben eine Brauerei (damals noch unterm Kloster) und das Bräustüberl. Seit 2000 gehört es dem Hofbräuhaus Traunstein und wurde ordentlich renoviert. Und noch eine his-torische Reminiszenz: An der Klosterschänke »endete im September 1938 die letzte oberbayerische Postkutschenfahrt von Holzkirchen nach Dietramszell«; so zu lesen an der Haus-wand überm Eingang.
Klosterschänke Dietramszell, Klosterplatz 2, 83623 Dietramszell, Tel. 08027/90 45 00; Dienstag Ruhetag.

19 KLOSTER REUTBERG
See- und Filzenidylle zwischen Dietramszell und Bad Tölz

ANFAHRT
Auto: B 13 Holz-
kirchen – Bad Tölz
bis Sachsenkam.
Zug: Zielbahnhof Holz-
kirchen bzw. Bad Tölz;
Bus nach Sachsenkam.

AUSGANGSPUNKT
Koglweiher, knapp
2 Kilometer nordöstlich
von Kirchbichl;
Parkplatz.

GEHZEIT
Etwa 2 Stunden.

CHARAKTERISTIK
Überwiegend ebener
Naturweg durch
schattigen Wald.

BADEN
Im Kirchsee und
Koglweiher.

KARTEN
(1:50 000) KOMPASS
Nr. 180, Starnberger
See, Ammersee;
Bayer. Landesver-
messungsamt, L 8136
Holzkirchen.

Frei stehend auf einem Wiesenbuckel nördlich von Sachsenkam und eingebettet in das Naturschutzgebiet der Kirchseefilzen erhebt sich das malerische Kloster Reutberg mit Wallfahrtskirche, Brauerei und Bräust-überl. Ein ideales Ausflugsziel rund ums Jahr: vom Frühling bis in den Spätherbst hinein zum Wandern, im Sommer zusätzlich mit Baden im warmen Moorwasser des Kirchsees und im Winter mit der Möglichkeit zum Skilanglauf auf bestens gepflegten Loipen rund ums Kloster und bis hinüber nach Bad Tölz.

Die Wanderung

Vom Parkplatz am Koglweiher gehen wir zunächst auf dem Sträßchen weiter geradeaus, bis ein Wegweiser Richtung »Kirchsee/Reutberg« nach rechts weist. Ihm folgen wir auf einem Naturweg in den Wald hinein und später zum Seeufer. An diesem laufen wir nun eine gute Weile entlang. Wenn wir das Wasserwachtgebäude und den Freibadestrand erreicht haben, wissen wir, dass unsere Kirchseewanderung bald vorbei sein wird. Wir kommen auf einen Parkplatz, gehen auf der Teerstraße nach rechts durch Wiesen und erreichen schließlich den Reutberger Klosterhügel mit Kirche, Brauerei und Wirtshaus.

Den gleichen Weg nehmen wir am besten auch wieder zurück. Man könnte zwar den Kirchsee ganz umrunden, was jedoch auf seiner Südseite wegen des weitläufigen Naturschutzgebiets der Kirchseefilzen nur mit größerem Abstand und einem Fahrstraßenhatscher von einer guten Stunde möglich ist (Rundkurs insgesamt knapp drei Stunden). Außerdem sind von Reutberg einige örtliche Rundwanderwege verschiedener Länge ausgeschildert.

Franziskanerinnenkloster Reutberg

Gemessen an anderen in diesem Buch beschriebenen Klöstern ist Reutberg noch recht jung. An-gefangen hat hier alles mit einer Loretokapelle, welche auf Initiative der Gräfin Anna Papafabin, ge-borene von Pienzenau, Hofmarks-herrin von Reichersbeuern und Sachsenkam, erbaut wurde. Bei einem Besuch der Casa Santa in Loreto/Italien (wohin der Legende nach das Heilige Haus aus

Nazareth von Engeln übertragen worden sein soll) brachte sie eine Nachbildung des alten Gnadenbildes mit heim. 1606 wurde die Kapelle auf dem
Reutberg eingeweiht und zog sofort viele Gläubige an.
Den Anlass für den Bau eines ersten, kleinen Klosters 1618 war allerdings
ziemlich makaber: Der Gemahl der Papafabin plante nämlich einen Mord-
anschlag auf seine reiche Frau, welcher allerdings vereitelt werden konnte,

*Die Wanderung zum
idyllischen Franzis-
kanerinnenkloster
Reutberg (unten)
eignet sich auch als
Radeltour (Rundkurs
siehe Kartenskizze).
Das warme Moor-
wasser des Kirchsees
(oben) lädt bis in den
Herbst zum Baden ein.*

KLOSTER-SPECIALS
- Patrozinium
  25. März
- Kirchenführungen
  nach Anmeldung
- Klosterladen
- Kirchenkonzerte
- Barocke Krippe
  (Weihnachtszeit)
- Reutberger Jesulein
- Barocke Klosterapo-
  theke (Besichtigung
  nach Anmeldung)
- Fatschenkindl auf
  Bestellung
Info: Franziskane-
rinnenkloster
Reutberg,
83679 Sachsenkam,
Tel. 0 80 21 / 83 82

woraufhin der Graf unter Mitnahme sämtlicher Wertgegenstände, deren er habhaft werden konnte, das Weite suchte. In dieser Situation machte die Gräfin ein Gelübde, ein Klösterl zu stiften, das zunächst in München geplant war, dann aber neben der Kapelle auf dem Reutberg entstand. Es wurde mit Tertiarkapuzinerinnen aus der Schweiz belegt, die anfangs auf dem Reutberg ein recht armseliges Leben fristeten und erst 1651 der bayerischen Franziskanerprovinz angegliedert wurden.

Das Kloster erlebte im 17. Jahrhundert mehrere Um- und Neubauten. 1729 wurde schließlich der Grundstein zum heutigen Kloster gelegt; die jetzige Kloster- und Wallfahrtskirche Mariä Verkündigung entstand 1733–1735. Ungewohnt wirkt auf den Betrachter der schmale, längliche, tonnengewölbte Hochaltarraum mit dem Gnadenbild unter dem dunklen Sternenhimmel; auf dem Gesims schweben Engel mit Schrifttafeln und den Symbolen der Lauretanischen Litanei. Das Fresko über dem Chorbogen zeigt die legendäre Übertragung des Heiligen Hauses. Im Hochaltar ist das Gnadenbild, eine aus Olivenholz geschnitzte Madonna mit Mantel und Schleier, aufgestellt. Je nach der Zeit des Kirchenjahres können Kleid und Vorhänge der Altarbühne gewechselt werden.

Im 18. Jahrhundert hatte das Reutberger Kloster einen reichen Gönner: Christian Raßveldt aus München. Er stiftete zum Beispiel die beiden wertvollen Seitenaltäre; der rechte ist dem heiligen Kreuz geweiht, der linke der heiligen Anna. Auch die Kanzel sowie die barocke Klosterapotheke sind Raßveldt zu verdanken (letztere kann allerdings nur nach Voranmeldung besichtigt werden). Reutberg hat aber noch mehr Schätze zu bieten: so zum Beispiel das Reutberger Jesulein, das 1743 aus Bethlehem hierher kam. Die verehrte Holzfigur in der Größe eines Kleinkinds lag 100 Jahre lang an Weihnachten in der Geburtskirche von Bethlehem. Heute wird sie von Weihnachten bis Heilig Drei König am rechten Seitenaltar in der Krippe

Weit schweift der Blick von der Biergartenterrasse des Reutberger Klosterbräustüberls übers Tölzer Land.

liegend gezeigt. In der Pfingstwoche, zu Protiunkula (2. August) sowie in der Kirchweihwoche ist sie gekleidet und gekrönt als »der kleine König« zu sehen. Und noch etwas bezaubert in der Weihnachtszeit die Reutberg-Besucher: die wertvolle barocke Krippe auf dem linken Seitenaltar mit bekleideten Figuren aus dem 17. und 18. Jahrhundert.

Nach der Säkularisation, ab 1802, war Reutberg Aussterbekloster und nahm als solches auch Schwestern vom Bittrich- und Riedlerkoster aus München auf. Somit entging es dem Abriss. Schließich kaufte der Konvent die Gebäude vom bayerischen Staat für 30.000 Gulden zurück. 1835 genehmigte dann König Ludwig I. den Fortbestand des Franziskanerinnenklosters. Der Arbeitsbereich der Nonnen umfasste sowohl Landwirtschaft (die heute noch betrieben wird) als auch Lehrtätigkeit (Mädchenschule bis 1958). Und sie kümmerten sich anfänglich auch um die Klosterbrauerei, wie bereits ihre Vorgängerinnen ab 1679. 1924 wurde daraus eine Brauereigenossenschaft, die bis heute ihren Sitz auf dem Reutberg hat.

KLOSTERBRÄUSTÜBERL REUTBERG

Dies ist wirklich ein Klosterbräustüberl, das seinen Namen verdient, denn der Gerstensaft kommt direkt aus der Brauerei vis-à-vis. Drinnen eine einfache, ländliche Gaststätte mit Räumlichkeiten für 50 bis 350 Gästen, draußen ein südseitiger Traum-Biergarten unter Kastanien und mit weitem Bergpanoramablick. Aufgetischt wird bayerisch-bürgerliches Essen, dazu im Sommer Geflügel und Schweinernes vom großen Gartengrill; aber auch Kaffee und Auszog'ne gibt's. *Klosterbräustüberl Reutberg*, 83679 Sachsenkam, Tel. 0 80 21/86 86; ganzjährig täglich geöffnet.

KLOSTER WEYARN
Entlang der Mangfall und zum Lindl

ANFAHRT
Auto: Salzburger
Autobahn, A 8,
Ausfahrt Weyarn.
S-Bahn: S 5 bis Holz-
kirchen; *Bus* nach
Weyarn.

AUSGANGSPUNKT
Kloster Weyarn;
Parkmöglichkeiten.

GEHZEIT
Etwa 1 1/2 Stunden.

CHARAKTERISTIK
Eben mit zwei kurzen
Anstiegen, hauptsäch-
lich geteerte Neben-
straßen bzw. Fuß-/
Radwege, halb sonnig,
halb schattig.

KARTEN
(1:50 000) KOMPASS
Nr. 8, Tegernsee,
Schliersee, Wendel-
stein; Bayer. Landesver-
messungsamt,
Umgebungskarte
Mangfallgebirge.

Weyarn ist den meisten wohl eher als Ausfahrt an der Salzburger Auto-bahn denn als Standort eines Klosters bekannt. Und zwar haben wir es hier mit einem sehr alten Kloster (seit 1133) zu tun, das in jüngster Zeit, fast 200 Jahren nach seiner Auflösung, wiederbelebt wurde. Auf unserer Wanderung umrunden wir Kloster Weyarn in einer kleinen Schleife, die uns aus dem Tal der Mangfall hinauf zu aussichtsreichen Anhöhen des bäuerlichen Umlands führt.

Die Wanderung

Vom Klosterhof in Ortsmitte von Weyarn gehen wir entlang dem Klosterweg zur Fahrstraße hinaus und auf dem Fußweg an ihr entlang links hinunter ins Tal der Mangfall, nach Mühlthal. Hier rechts, vorbei am Landgasthof Bruckmühle und unter der großen Autobahnbrücke hindurch. Kurz danach zweigt ein Teersträßchen rechts ab (Hinweisschild zur Gast-stätte Maxlmühle). Vorbei an der Weiglmühle wandern wir im schattigen Flusstal der Mangfall eben geradeaus bis zu besagter Maxlmühle (Wey-arner Mühle). Diese schön gelegene Einkehrstation wusste bereits Kron-prinz Maximilian II. zu schätzen, der am 24. Juni 1837 hier zusammen mit seinem Tross Rast machte – ein »unermesslich glücklicher Tag«, wie es eine Erinnerungstafel am Haus stolz vermerkt. Und am Nachbarhaus macht ein anderes Taferl auf ein weiteres historisches Ereignis aufmerksam: »Elek-trizitätswerk Holzkirchen. Erbaut 1893 von Oskar v. Miller, München. Außer Betrieb gesetzt am 18. Dezember 1929 bei Überleitung der Mangfall in den Seehammer See.«

Eingang zum Land-gasthof Alter Wirt in Weyarn, Tafernwirt-schaft seit 1646.

Weiter geht's auf der Holzbrücke über die Mangfall und dann kurz stramm ansteigend auf einem Naturweg den bewaldeten Moränenrücken hoch (an einer Gabelung geradeaus bleiben). Auf der Anhöhe erwarten uns weite, sattgrüne Wiesen und, südlich hinter dem Anwesen Berg 1 aufragend, das Alpenpanorama von den Chiemgauern bis zu den Ammergauern.

Weiter wandern wir zunächst noch auf dem Teersträßchen geradeaus Richtung »Weyarner Lindl« und suchen uns dann rechts ab einen Weg durch die Wiesen hinauf zum nächsten Gehöft-Belvedere, das sich Am Lindl nennt. Hier sind wir der höchsten Erhebung – Weyarner Linde, 717 m, kenntlich gemacht durch einen hohen weiß-blauen Masten zwischen Lindenbäumen – schon sehr nahe, jedoch wird uns im Sommer der direkte Anstieg durch Weidezäune verwehrt. Also gehen wir noch ein Stück auf der Teerstraße in Richtung der nächsten Häuser, von wo aus ein bezeichneter Weg rechts hinaufführt.

Wieder zurück, verfolgen wir die Teerstraße weiter südwärts durch das Dorf Standkirchen und landen an der Fahrstraße. Auf dem Fuß-/Radweg an ihr entlang nach rechts, unter der Autobahnbrücke durch und anschließend durch eine Unterführung. Links ist bereits der Turm der Weyarner Klosterkirche sichtbar, auf den wir auf dem Fuß-/Radweg zuhalten. Und am Schluss bringt uns dann die J.-B.-Zimmermann-Straße zum Ausgangspunkt zurück.

Die Weyarner Kloster- und Pfarrkirche besitzt eine herrliche Barock- und Rokokoausstattung.

KLOSTER-SPECIALS
- Patrozinium 29. Juni
- Kirchenführungen nach Anmeldung
Info: Kath. Pfarramt, 83629 Weyarn, Tel. 0 80 20 / 2 90

Ehem. Augustinerchorherrenstift Weyarn,

heute Provinzialat des Deutschen Ordens. Man schrieb das Jahr 1133, als Graf Sigebotho II. seine Burg Wiare zusammen mit anderen Besitztümern dem Salzburger Erzbischof Konrad I. zur Installierung eines Augustinerchorherrenstifts übergab. Kirche und Kloster Weyarn erlebten viele Höhen und Tiefen, unter anderem auch mehrere verheerende Brände. Die heutige Kloster- und Pfarrkirche St. Peter und Paul ist bereits der dritte Neubau, errichtet 1687–1693 von dem Graubündener Baumeister Lorenzo Sciasca. Die ab 1729 erfolgte hervorragende Stuckierung und Freskierung durch Johann Baptist Zimmermann wurde im Hinblick auf das bevorstehende 600-jährige Gründungsjubiläum in Auftrag gegeben. Der Hochaltar und die acht Seitenaltäre stammen aus der Erbauungszeit. Den hauptsächlichen Anziehungspunkt der Weyarner Klosterkirche bilden die bewegenden Rokokoplastiken, die der Münchner Bildhauer Ignaz Günther zwischen 1763 und 1765 geschaffen hat: die Prozessionstragegruppen »Maria Immaculata«, »Pietà« und »Mariä Verkündigung« (von Günther auch der Tabernakel im Hochaltar sowie mehrere Putten, die die Gesichtszüge seiner Kinder tragen). Läuten Sie im Pfarramt, und lassen Sie sich die Kirche von innen zeigen; dabei können Sie auch gleich die wunderschöne Sakristei besichtigen.

Besondere sakrale Schaustücke in der Weyarner Kirche sind die kostbaren Rokokoplastiken des Bildhauers Ignaz Günther, darunter die Prozessionstragegruppe »Mariä Verkündigung«.

Vis-à-vis der Kloster- und Pfarrkirche finden wir zwei ebenfalls sehenswerte Kapellen: die Jakobuskapelle, die bereits 1133 als Burgkapelle genannt ist und ursprünglich Grablege der Stifterfamilie war. Auch hier drei Figuren von Ignaz Günther (die Heiligen Sebastian und Leonhard im Hochaltar und eine Mater dolorosa unter dem Renaissancekreuz). Wenige Schritte daneben die Maria-Hilf-Kapelle von 1785 mit Rokokostuck und -altar, in dessen Mittelpunkt eine spätgotische Madonnenfigur aus der Münchner Peterskirche steht.

Die Säkularisation von 1803 hatte die Vertreibung von 36 Chorherren zur Folge, viele Klostergebäude und der Prälatenstock wurden abgerissen, der Rest an private Interessenten verkauft; Weyarn verfiel zusehends. Ende des 19. Jahrhunderts ging der Besitz an die Stadt München über, die hier ein Waisenhaus betrieb; es folgten in der NS-Zeit eine Ausbildungsstätte der Hitlerjugend, Ende des Zweiten Weltkriegs ein Lazarett, danach ein Flüchtlingslager und 1953–1984 schließlich eine Privatschule. Seit 1998 in Besitz des Deutschen Ordens, erwacht Weyarn endlich wieder aus seinem 200-jährigen Dornröschenschlaf, was sich für den Besucher nicht zuletzt auch an den längst überfälligen Sanierungsarbeiten zeigt.

Neben der heutigen Jakobskapelle ist der Turm aus Tuffsteinquadern der Pfarrkirche die älteste erhaltene Bausubstanz des Weyarner Klosters.

LANDGASTHOF ALTER WIRT / MAXLMÜHLE
Beide Häuser stammen noch aus früheren Weyarner Klosterzeiten: Der Alte Wirt, 1646 erstmals erwähnt, ist heute ein auch größerem Touristenansturm gewachsener, g'standener Landgasthof mit Hotelbetrieb und schattigem Biergarten. Die Maxlmühle, eine ehemalige Weyarner Klostermühle, dagegen eine kleine, versteckte Einkehroase im stillen Talgrund der Mangfall mit romantischem Biergarten, wo man angenehm sitzen, gut essen und brotzeitln kann.
Alter Wirt,
Miesbacher Straße 2, 83629 Weyarn, Tel. 08020/90 70; ganzjährig täglich geöffnet.
Gasthaus Maxlmühle,
83626 Valley, Tel. 0 80 20/17 72; Mittwoch und Donnerstag Ruhetage, Anfang Januar bis Mitte Februar geschlossen.

Der hierzulande weniger bekannte Deutsche Orden wurde 1190 auf dem dritten Kreuzzug als Hospitalbruderschaft gegründet und 1198 in einen Ritterorden umgewandelt. Ab 1230 verlagerten sich die Aktivitäten des Ordens mehr nach Osteuropa, und er bekam Kriege und wechselnde Machtbefugnisse zu spüren. 1856 wurde das mittelalterliche Institut der Deutschordensschwestern wiederbelebt und dem Brüderorden eingegliedert, ab 1866 durch Priesterkonvente das geistliche Element im Orden gestärkt. 1927 schließlich erfolgte die Umwandlung des Ordens in ein klerikales Institut, dem 1965 ein Familiareninstitut angegliedert wurde. Nach dem Zweiten Weltkrieg errichtete der Orden in Hessen eine deutsche Provinz und verlegte diese 1998 mit ihrem Hauptsitz nach Weyarn.

KLOSTER TEGERNSEE
Höhenweg von Gmund zum Bräustüberl im Schloss

ANFAHRT
Auto: Salzburger Autobahn A 8, Ausfahrt Holzkirchen, B 318 nach Gmund.
Zug (empfehlenswert): Bayer. Oberlandbahn (BOB) München – Tegernsee, Haltestelle Gmund.

AUSGANGSPUNKT
Bahnhof Gmund; Parkplätze.

GEHZEIT
Etwa 1 1/2 Stunden.

CHARAKTERISTIK
Höhenweg = bequem zu begehender, schattiger Naturweg, leicht an- und absteigend; im Winter geräumt.

BADEN
Im Tegernsee.

KARTEN
(1:50 000) KOMPASS Nr. 8, Tegernsee, Schliersee, Wendelstein; Bayer. Landesvermessungsamt, Umgebungskarte Mangfallgebirge.

Diese Tour enpfiehlt sich insbesondere als Bahnwanderung: In Gmund steigt man aus der »BOB« aus und am Schluss in Tegernsee wieder ein. Dorthin – zur frisch renovierten, sehenswerten ehemaligen Klosterkirche und dem nicht minder berühmten Bräustüberl – marschieren wir auf dem bequemen Höhenweg entlang der Westflanke des Ostiner Bergs. Wer will, kann den Höhenweg auch weiter fortsetzen bis Rottach-Egern und mit dem Schiff oder Bus nach Tegernsee zurückfahren.

Die Wanderung

Das Tegernseer Tal gehört zu den beliebtesten Münchner Ausflugs- und Wanderzielen – Resultat davon sind an den Wochenenden oft eine total verstopfte A 8 und B 318. Doch das tangiert uns überhaupt nicht, wenn wir vom Auto auf die Bayerische Oberlandbahn (BOB) umsteigen.

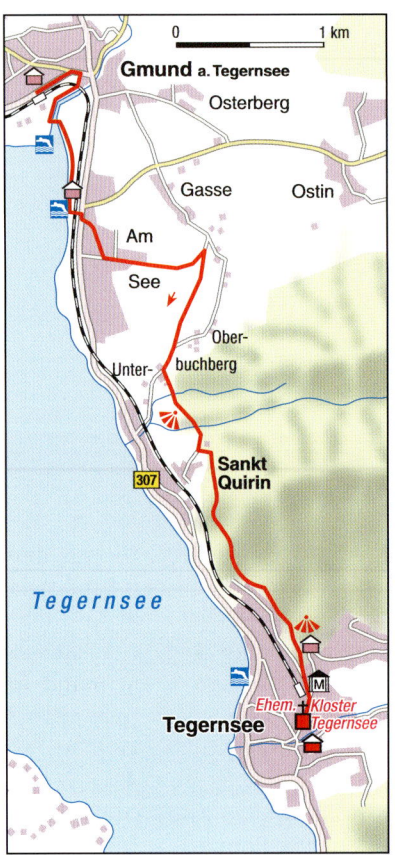

Im Volksmund wird der Tegernsee auch »Lago di Bonzo« genannt. Denn wo sich früher das Wittelsbacher Königshaus, der Hofmaler Josef Stieler und dessen Sohn und Mundartdichter Karl Stieler, der norwegische Maler und Zeichner Olaf Gulbransson sowie die Schriftsteller Ludwig Thoma, Ludwig Ganghofer und Hedwig Courths-Mahler häuslich niederließen, gefällt es heute der Prominenz aus Politik, Wirtschaft und kulturellem Leben genauso gut wie dem Geldadel.

Machen wir uns also auf den Weg, genauer gesagt den Höhenweg. Man sollte ihn unbedingt von Gmund aus, also von Nord nach Süd, gehen, weil man so immer das Bergpanorama im Blick hat. Zugang zum (durchweg ausgeschilderten) Höhenweg ab Bahnhof Gmund: Richtung »Zum See«, nach rechts unter der Bahnunterführung durch und ein Stück am Ufer entlang, dann links auf der Holzbrücke über die Mangfall und weiter am See bis

zum Strandbad Seeglas. Hier überqueren wir das Bahngleis und die Bundesstraße und steigen bei der Bushaltestelle die Kurstraße leicht aufwärts. Nach den Häusern geht es durch freie Wiesen, bis wir in ein querendes Sträßchen einmünden. Hier schickt uns schließlich das Schild »Höhenweg« nach rechts, zuerst noch auf Teerbelag, später, ab dem Anwesen mit Alpakahaltung, auf Naturpfad. Wir wandern durch Wald mit schönen Sichtfenstern zum See, und schneller als wir gedacht haben stehen wir vor dem schicken Hotel Bayern (mit Traumblick von der Terrasse des Restaurant-Cafes). Von hier führt ein Fußweg hinunter zum Tegernseer Bahnhof, und auf der Bahnhofstraße geradeaus weiter erreichen wir unser Kloster- und Wirtshausziel.

Blick vom Höhenweg auf den Tegernsee und das Geviert des Kloster- bzw. Schlosskomplexes.

Ehem. Benediktinerkloster Tegernsee

Im 8. Jahrhundert gründeten die Brüder Adalbert und Oatker aus dem bayerischen Uradelsgeschlecht der Huosi in dem unwirtlichen Bergtal ein erstes Kloster, dessen Kirche 746 geweiht wurde. Nachdem es zwei Jahrhunderte zum Pfarr- und Herrschaftszentrum der Region ausgebaut worden war, wurde es durch die Ungarneinfälle und einen Brand im 10. Jahrhundert schwer in Mitleidenschaft gezogen. 978 erfolgte durch Kaiser Otto II. eine Neugründung mit Benediktinermönchen, die Tegernsee ab dem 11. Jahrhundert durch ihre große Fertigkeit in der Goldschmiedekunst, Glas- und Buchmalerei zu hohem kulturellen Ansehen verhalfen. Um 1050 entstand »Ruodlieb«, der erste deutsche Roman.

KLOSTER-SPECIALS
- Patrozinium 25. März
- Kirchenführungen nach Anmeldung
- Kirchenkonzerte
- Veranstaltungen im Barocksaal
- Museum Tegernseer Tal (u. a. Exponate zur Klostergeschichte)

Info: Kath. Pfarramt, 83684 Tegernsee, Tel. 0 80 22/46 40. – Tourist-Information, Hauptstraße 2, 83684 Tegernsee, Tel. 0 80 22/18 01 40; www.tegernsee.de

Nach kurzzeitigem Niedergang verhalf die Melker Reform Anfang des 15. Jahrhunderts Tegernsee zu einer neuerlichen Blüte. Damals wurde die romanische Klosterbasilika zu einem spätgotischen Münster mit 24 Altä-

Draußen wie drinnen an schönen Wochenenden immer voll besetzt: das Tegernseer Bräustüberl.

ren umgestaltet. Von dieser Bausubstanz sind nur noch wenige, für den Laien nicht erkennbare Teile erhalten. Die Gestalt der barocken ehemaligen Kloster- und heutigen Pfarrkirche St. Quirinus entstand 1678 unter Leitung des Hofbaumeisters Enrico Zuccalli; die Fassade gestaltete Leo v. Klenze erst 140 Jahre später. Über dem Eingang ist die Deckplatte der Stiftertumba von 1457 zu sehen.

Blick von Norden über den Tegernsee. Entlang der bewaldeten Anhöhe links verläuft unser Wanderweg.

Deckenfresko im Barocksaal von Schloss Tegernsee, heute Veranstaltungsort für Theater- und Konzertaufführungen.

Im Innern ziehen die Blicke zunächst die üppige Stuckdekoration sowie die großartigen Deckenfresken auf sich, die Hans Georg Asam zwischen 1689 und 1694 gemalt hat. Im Hochaltar (um 1690) sehen wir ein Gemälde der Kreuzigung Christi von Karl Loth sowie die Skulpturen der Apostel Petrus und Paulus. Die Quirinus- im linken und die Benediktuskapelle im rechten Seitenschiff sind mit Rokokostuck nach der Art Franz Xaver Feichtmayrs d. Ä. und mit Heiligenfiguren von Johann Baptist Straub geschmückt.

Die Säkularisation von 1803 traf die Tegernseer Benediktinerabtei in einer letzten Phase der Hochblüte und läutete das Ende für die größte Klosteranlage Altbayerns ein. Freiherr von Drexl, der die Klostergebäude für 44.000 Gulden ersteigert hatte, ließ sie größtenteils dem Erdboden gleichmachen, darunter auch den Südwesttrakt mit dem Stiegenhaus vor der Abtei und dem großen Rokoko-Festsaal, für den unter anderem Matthäus Günther die Fresken geschaffen hatte. Die 80.000 Bände umfassende Bibliothek, eine der umfangreichsten Europas, wurde aufgelöst, und die vom Kloster weitgehend wirtschaftlich abhängige Bevölkerung geriet von heute auf morgen in große Not.

Da kaufte im Jahre 1817 König Max I. Joseph die verbliebene östliche Klosterhälfte zurück und ließ sie 1823/24 von Leo v. Klenze zur Sommerresidenz ausbauen. Hausherr des Schlosses ist heute Herzog Max in Bayern, und auch das Tegernseer Gymnasium hat in dem geschichtsträchtigen Gemäuer Platz gefunden. Zum stilvollen Barocksaal haben Besucher im Rahmen von Theater- und Konzertveranstaltungen Zutritt, und beim Tegernseer Schlossfest Ende September kann man auch einen Blick in einige der herzoglichen Privaträume werfen.

HERZOGLICHES BRÄUSTÜBERL

Das Tegernseer Bräustüberl ist seit vielen Jahren eine Institution: bei den Einheimischen genauso wie bei den Münchner Wochenendausflüglern und Urlaubsgästen. Gleich neben der altehrwürdigen Klosterkirche sitzt man hier zwanglos im historischen Gewölbe unterm Buzi- und Engerlbild des Malers Aron und lässt sich die guten Brotzeiten und das süffige Bier aus der angrenzenden Brauerei schmecken (wem nach einer warmen Vollmahlzeit ist, der geht ein paar Schritte weiter ins Schloss-Restaurant). *Herzogliches Bräustüberl*, Schlossplatz 1, 83684 Tegernsee, Tel. 0 80 22/41 41; ganzjährig täglich geöffnet.

KLÖSTER BIRKENSTEIN UND FISCHBACHAU

Wandern und Wallfahren im Leitzachtal

ANFAHRT
Auto: Von Miesbach
St 2077 durchs Leitz-
achtal oder B 307
Richtung Bayrischzell
und in Aurach ab-
zweigen nach Fisch-
bachau.

AUSGANGSPUNKT
Fischbachau, Pfarr-
kirche bzw. Kloster-
stüberl; Parkplätze.

GEHZEIT
Etwa 1 3/4 Stunden.

CHARAKTERISTIK
Leicht hügelauf/hügel-
ab auf Naturwegen
und Teersträßchen,
mal sonnig, mal
schattig.

KARTEN
(1:50 000) KOMPASS
Nr. 8, Tegernsee,
Schliersee, Wendel-
stein; Bayer. Landes-
vermessungsamt,
Umgebungskarte
Mangfallgebirge.

*Fischbachau kennt man allgemein als bäuerlich geprägte Tourismus-
gemeinde im Leitzachtal sowie als Ausgangspunkt für schöne Wanderungen zum Breitenstein und Wendelstein; Birkenstein als über Jahrhunderte verehrten volkstümlichen Marienwallfahrtsort. Dass beide
auch in die Kategorie Klöster – wenn auch der kleinen und weniger
bedeutenden Oberbayerns – fallen, dürfte manch einem unbekannt sein.*

Die Wanderung

Ausgehend vom Kirchplatz überqueren wir die Durchgangsstraße und
spazieren auf der Birkensteinstraße weiter: entweder direkt hinauf zum
Wallfahrtskirchlein oder links ab auf dem »Fußweg über Salmerhof«. An
besagtem Salmerhof rechts, über eine Wiese aufwärts zur Einmündung in
den querenden Wanderweg und auf diesem rechts nach Birkenstein.
Nach der Besichtigung fädeln wir wieder in den aussichtsreichen Wanderweg ein und verfolgen ihn geradeaus Richtung »Schwaiger-Alm/
Elbach«. Wer einkehren möchte, kann dies in der Schwaiger-Alm tun. Den
markanten Doppelkuppelturm der Elbacher Pfarrkirche im Blick wandern
wir bis zur Einmündung in die Fahrstraße weiter geradeaus. Nachdem wir
diese überquert haben, laufen wir auf der Straße Richtung »Stög/Streit-
wies/Achatswies« weiter. Kurz darauf knicken wir nach links in das Sträßchen Richtung »Stög/Fischbachau« ab, zurück zum Ausgangspunkt.

Ehem. Benediktinerkloster Fischbachau und Wallfahrts-
kapelle Birkenstein mit Klösterl der Armen
Schulschwestern

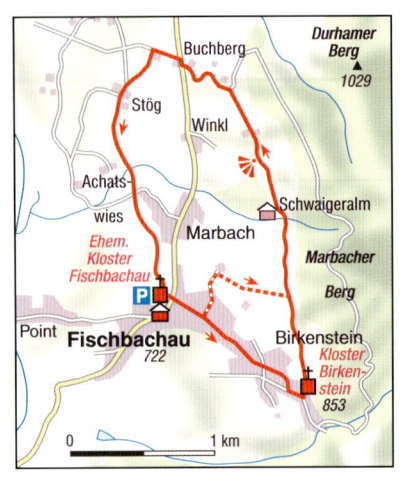

Nach 1085 wurde das noch junge Benediktinerkloster
Bayrischzell ins nahe Fischbachau umgesiedelt, bevor es
sich über den Petersberg endgültig in Scheyern etablierte
(siehe Tour 1). Die heutige Friedhofskirche und ehemalige
Pfarrkirche Maria Schutz wurde 1087 als erste Klosterkirche
geweiht und ist der älteste noch bestehende Kirchenbau im
Leitzachtal (Barockisierung 1630–1635, Reste spätgotischer
Fresken, Hochaltar mit Schutzmantelmadonna 16. Jahr-
hundert, Kruzifixus 17. Jahrhundert, historische Bühnen-
anlage für Heiliges Grab).
Die heutige Pfarrkirche St. Martin (1096–1110) war bis 1803
Benediktiner-Propsteikirche; auch hier erfolgten mehrfache
Umänderung und Barockisierung. Beachtenswert sind

Die heutige Friedhofs-kirche Maria Schutz war die erste Fischbachauer Klosterkirche.

KLOSTER-SPECIALS
Fischbachau:
- Patrozinium
  11. November
- Krippe, Heiliges Grab
- Kirchenkonzerte
  sowie Veranstal-
  tungen im Haus
  des Gastes (ehem.
  Klostergebäude)
Birkenstein:
- Patrozinium
  15. August
- Trachtenwallfahrten
  und Marienfeiern
  mit Lichterpro-
  zessionen
- Klosterladen
Info: Gemeinde
Fischbachau,
83730 Fischbachau,
Tel. 0 80 28/8 76. – Wall-
fahrtskuratie Birken-
stein, Kapellenweg 11,
83730 Fischbachau,
Tel. 0 80 28/8 30

unter anderem: Stuck aus vier Entstehungsphasen, reiche Freskenaus-
stattung, säulenartiger Rokoko-Hochaltar, Muttergottesfigur um 1740 im
südlichen Seitenaltar, Stuckkanzel, großer Kruzifixus mit Schmerzens-
mutter.
Eine spätgotische Marienfigur aus der Fischbachauer Pfarrkirche war es,
welche die Wallfahrt »auf dem Birken-Stein« im 17. Jahrhundert begründete. Die erste Kapelle wurde ab 1710 durch die heutige Wallfahrtskirche Mariä Himmelfahrt nach dem Vorbild des Hauses von Loreto (siehe
Tour 19) ersetzt und 1759–1769 nach üppigster bayerischer Rokokomanier ausgestattet.
Seit 1846 leben Arme Schulschwestern im Bir-
kensteiner »Klösterl« und betreuen die Wallfahrt.
Das Benediktinerkloster Fischbachau wurde hingegen 1803 aufgelöst.

Wallfahrten und Bittgänge haben im bayerischen Vor-alpenland Tradition.

KLOSTERSTÜBERL
Einheimische und
Touristen sitzen im
Fischbachauer Kloster-
stüberl einhellig am
Biertisch im histo-
rischen Gewölbe des
alten Propsteigebäudes
oder draußen im Bier-
garten. Gemütliche
Bräustüberlatmo-
sphäre plus bayerische
Schmankerlküche.
Klosterstüberl,
Kirchplatz 9,
83730 Fischbachau,
Tel. 0 80 28/90 94 11;
Mittwoch Ruhetag,
außer Mitte Juli bis
Mitte September.

23 KLOSTER REISACH
Auf dem Audorfer Rundweg zum Kloster

ANFAHRT
Auto: Inntal-Autobahn A 93, Ausfahrt Oberaudorf.
Zug: Zielbahnhof Oberaudorf.

AUSGANGSPUNKT
Oberaudorf, Talstation der Hocheckbahn; Parkplatz.

GEHZEIT
Etwa 3 Stunden.

CHARAKTERISTIK
Überwiegend ebene und schattige Teersträßchen und Naturwege.

KARTEN
(1:50 000) KOMPASS Nr. 8, Tegernsee, Schliersee, Wendelstein; Bayer. Landesvermessungsamt, Umgebungskarte Mangfallgebirge.

Der »Waller«, unser Wanderwirtshaus.

Reisach ist in der Vielzahl der spätbarocken Klöster Oberbayerns etwas Besonderes: Zum einen findet man hier – neben München und Schongau – das einzige Karmelitenkloster und zum andern wird die Klosterkirche von Fachleuten als »schönste und bedeutendste Karmelitenkirche Süddeutschlands« eingestuft.
Ein Ausflug dorthin lohnt sich also, zumal Reisach zunehmend aus einem Dornröschenschlaf erwacht und in Zusammenarbeit mit der Gemeinde auch einige »weltliche« Veranstaltungen bietet.

Die Wanderung

Am Hocheck-Parkplatz bereits entdecken wir den Wegweiser für den Audorfer Rundweg (Nr. 30). Wir spazieren den Hubertusweg hinein, nach dem Ortsende am Waldrand entlang, passieren die kleine Laurentiusquelle, landen an der Graf-Pückler-Straße, wandern im Linksbogen erneut in ein Wäldchen und erreichen schließlich die Trißl-Klinik. Auf der Buchauer Straße kurz rechts, links durch das Klinikgelände, über die Auerbachbrücke, rechts in die Brünnsteinstraße und wiederum rechts ab auf den Fußweg, der durch Auwald am Ufer des Flüsschens entlang verläuft. Gleich nach der Bauzimmerei, bei der hölzernen Fußgängerbrücke, endet der hübsche Auerbach-Spaziergang. Hier biegen wir links ab, dann rechts, gehen die Zollhausstraße nach links und die Innstraße ebenfalls links. Von dieser zweigt nach etwa 100 Metern rechts die Urfahrnstraße ab, wo uns das Gasthaus Waller erwartet. Geradeaus und in einem Linksbogen vorbei am Schloss Urfahrn haben wir schnell unser Klosterziel erreicht.

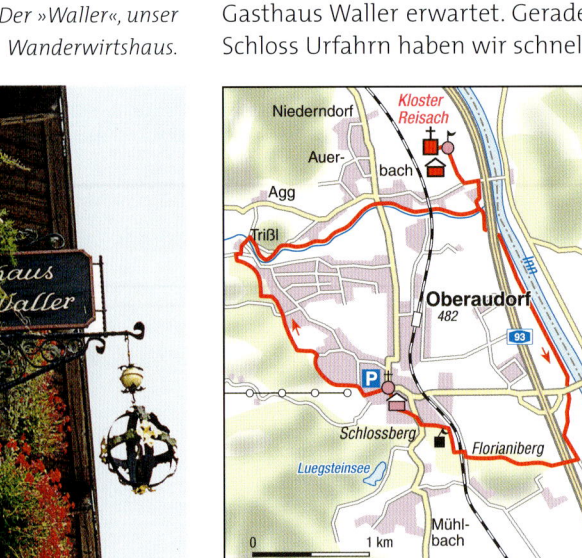

Von Reisach gehen wir später wieder zurück zum Traditionsgasthaus Waller sowie zur hölzernen Fußgängerbrücke. Nun drüberhalb nach links, unter der Autobahnbrücke durch und nach rechts auf dem schnurgeraden Dammweg am Inn entlang. Eine Unterführung bringt uns auf die andere Seite der Fahrstraße Oberaudorf – Niederndorf (Tirol). Weiter auf dem Fuß-/Radweg durch Auwald, dann über die Autobahnbrücke und analog dem Wegweiser »Oberaudorf« und der Nr. 30 zum Fuß des Florianibergs und zu einem Friedhof. Hier

Blick vom Obstgarten des Gasthauses Sebastian Waller auf das Kloster Reisach.

KLOSTER-SPECIALS
- Patrozinium
  15. Oktober und
  14. Dezember
- Kirchen- und
  Klosterführungen
  nach Anmeldung
- Kirchenkonzerte
- Barocke Klosterkrippe
- Mitleben im Kloster,
  Einkehrtage u. a.
- Musikveranstaltungen, Ausstellungen, Märkte etc.
  im Klosterhof

Info: Karmelitenkloster,
83080 Reisach,
Tel. 0 80 33/3 08 40, –
Gemeinde Oberaudorf,
Kufsteiner Str. 6,
83080 Oberaudorf,
Tel. 0 80 33/3 01-0

zur Fahrstraße hinaus, über die Eisenbahnbrücke und zum Schlossberg hinauf. Über die Straße Am Schlossberg kommen wir in die Straße Am Burgtor. Wir laufen nach rechts, gelangen über Kufsteiner Straße und Oberfeldweg ins Ortszentrum mit der Pfarrkirche und über St.-Josef-Spitalstraße, Schützenstraße und Carl-Hagen-Straße zurück zum Ausgangspunkt.

Karmelitenkloster Reisach

Die Geschichte von Schloss Urfahrn und Kloster Reisach ist eng miteinander verbandelt. Im Jahre 1721 erwarb der Kurfürstlich-Bayerische Hofkammerrat von Messerer die Urfahrner Hofmark und ließ nach Plänen von Johann Baptist Gunetzrhainer durch Joseph Effner 1723–1727 das Schloss samt Schlosskapelle erbauen. Messerer war es auch, der Karmeliten aus München holte und ihnen ein Kloster stiftete. Während der Bauzeit (Kirche 1737–1739, Kloster 1732–1746, ebenfalls durch Gunetzrhainer und Effner) wohnten die Mönche in Urfahrn; auch das Kloster selbst hieß damals Kloster Urfahrn. Die Säkularisation traf es besonders hart, da die Karmeliten ein Bettelorden ohne eigenen Landbesitz waren. 1836 durch König Ludwig I. unter dem Namen Kloster Reisach wiederbelebt, wurde hier 1851–1967 der Ordensnachwuchs der bayerischen Provinz der Unbeschuhten Karmeliten ausgebildet, und seit 2002 ist das Kloster wiederum Noviziat.

Ein wahres Schmuckstück ist die Klosterkirche St. Theresa und Johannes vom Kreuz – ein Rokokobau, ordensbedingt zwar ohne Stuck- und Bilderflut, aber nichtsdestoweniger prächtig ausgestattet: die drei vorderen Altäre mit Gemälden von Balthasar Augustin Albrecht, vier interessante Seitenaltäre von Johann Baptist Straub, ebenfalls aus der Straub-Werkstatt Kanzel und Kreuzgruppe.

**GASTHAUS
SEBASTIAN WALLER**
In dem auf das Jahr 1750 zurückgehenden Hof sind auch heute noch Land- und Gastwirtschaft unter einem Dach vereint. Steckbrief: ausgezeichnete bayerisch-österreichische Küche; drinnen eine nostalgische Gaststube, draußen ein kleiner schattiger Kastanienbiergarten.
Gasthaus Sebastian Waller, Urfahrnstr. 10, 83080 Oberaudorf-Reisach,
Tel. 0 80 33/14 73;
Montag Ruhetag,
im November geschlossen.

KLOSTER BEYHARTING
Wanderrunde über Weihenlinden und Maxlrain

ANFAHRT
Auto: Salzburger Autobahn A 8, Ausfahrt Bad Aibling, über Weihenlinden und Maxlrain nach Beyharting; oder St 2078 Ottobrunn – Feldkirchen-Westerham; oder aus Richtung Ebersberg/ Grafing bzw. Rosenheim/Bad Aibling. *Zug:* Zielbahnhof Bad Aibling, Rosenheim, Ostermünchen oder Grafing; jeweils Busverbindung nach Beyharting.

AUSGANGSPUNKT
Pfarrkirche Beyharting; Parkplatz.

GEHZEIT
Etwa 3 1/2 Stunden.

CHARAKTERISTIK
Eben bis leicht wellig, Teersträßchen und Naturwege, mal sonnig, mal schattig.

KARTEN
(1:50 000) KOMPASS Nr. 181, Rosenheim, Bad Aibling; Bayer. Landesvermessungsamt, Umgebungskarte Mangfallgebirge.

Beyharting ist zwar schon seit gut 200 Jahren kein Kloster mehr, doch lohnen die von der Säkularisation verschont gebliebenen Reste – die ehemalige Augustinerchorherrenstifts- und heutige Pfarrkirche sowie der angrenzende Kreuzgang – auf jeden Fall einen Ausflug. Genauso wie die Wanderung, führt sie uns doch zusätzlich noch zu einer wunderschönen Wallfahrtskirche, einem Schloss und einer Bräuwirtschaft.

Die Wanderung

Das heutige Klosterziel soll auch Ausgangspunkt für die relativ lange, aber hübsche und abwechslungsreiche Wanderung sein. Kurz hinter (nördlich) der Tordurchfahrt in Beyharting knicken wir zunächst von der Durchgangsstraße (Maxlrainer Straße) in den geteerten Glonnweg ab und wandern auf

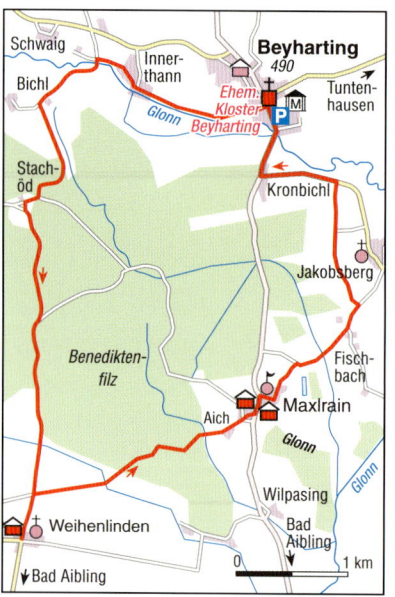

ihm durch Wiesen und Maisfelder nach Innerthann. Um Kirche und Tafernwirtschaft herum durch den Ort und anschließend links über eine Brücke Richtung »Bichl« (Radwanderweg Nr. 9). Hier links ab auf einen guten Naturweg, der in Richtung »Högling« ausgeschildert ist und bald in Mischwald hineinführt. Auf einer Lichtung mit einer größeren Holzscheune (Stachöd) folgen wir dem »Sempt-Mangfall-Radweg« nach links. Vorbei an einem steinernen Sühnekreuz aus dem 18. Jahrhundert wandern wir weiter geradeaus durch den Wald. Endlich werden die Doppelzwiebeltürme der Weihenlindener Wallfahrtskirche sichtbar, das Sträßchen hat wieder einen Teerbelag, und wir erreichen das erste Etappenziel: Kirche und Landgasthof Weihenlinden. Wer früher schon mal hier war und die mächtigen Linden vor dem Gotteshaus vermisst: Sie sind – wie auch ein Großteil des Waldes, durch den wir hergewandert sind – im August 2003 einem gewaltigen Hagelsturm zum Opfer gefallen.

Für den Weiterweg gehen wir von der Kirche wieder ein kurzes Stück auf der Straße zurück und dann rechts ab Richtung »Maxlrain«. Wieder kommen wir nach Wiesen und Maisfeldern in ein Waldstück, dann liegt

Sehenswert in der ehemaligen Augustinerchorherrenstiftskirche Beyharting sind die Rokokoausschmückung des Innenraums sowie der alte Kreuzgang.

KLOSTER-SPECIALS
Beyharting:
• Patrozinium 24. Juni
• Führungen (Kirche, Kreuzgang etc.) nach Anmeldung
• Kirchenkonzerte
Weihenlinden:
• Patrozinium 24. Mai und 11. Juni
• Kirchenführungen nach Anmeldung
• Klosterladen
• Wallfahrtsmuseum
• Heilquelle
Info: Kath. Pfarramt, 83104 Beyharting, Tel. 0 80 65 / 272. – Kath. Pfarramt Weihenlinden-Högling, 83052 Bruckmühl-Weihenlinden, Tel. 0 80 62 / 12 81

das zweite Etappenziel vor uns: Maxlrain mit Brauerei, Bräustüberl, Schloss und Schlosswirtschaft.

Am Schloss vorbei stoßen wir auf den so genannten Maxlrainer Rundweg, halten uns links und münden in ein Fahrsträßchen, das links zum Golfclub und rechts nach Fischbach führt. Wir wandern nach rechts, in Fischbach links Richtung »Jakobsberg« und noch davor links ab auf einem Feldweg, wobei wir das Kirchdorf im Bogen umgehen. Unübersehbar immer im Blick: die Spitztürme der imposanten Marienwallfahrtskirche von Tuntenhausen. Wieder münden wir in die Fahrstraße ein, wenden uns nach links und erreichen über Kronbichl die Straße Maxlrain – Beyharting, an der entlang wir rechts auf dem Fuß-/Radweg zum Ausgangspunkt zurücklaufen. Wer vor der Heimfahrt noch einmal einkehren möchte: zum Gasthaus zur Post in Beyharting geht es ein Stück weit nach links in den Ort hinein.

Ehem. Augustinerchorherrenstift Beyharting

Aus der »Chur-Bayerischen Land-Beschreibung« von 1701, in welcher auch ein Stich von Michael Wening abgebildet ist, der die Klosteranlage in ihrer gesamten damaligen Größe veranschaulicht: »Closter und Probstey der Regulirten Chorherren S. Augustini, sambt einer Hofmarch diß Namens liegt in Ober Bayrn, Renntambt München, Bistumb Freysing, Gericht Aibling nahe dem Fluß Glon und zwar ebnen Lands jedoch fast ringsumb im Moß und so genannten Fültzen dahero die Fruchtbarkeit schlecht und das Orth kaum mittelmässig gesund...« Klingt nicht gerade verlockend; Tatsache ist, dass das Kloster in den ersten Jahrhunderten seines Bestehens mit Armut zu kämpfen hatte. 1130 von der adeligen Witwe Judith von Pihartingen (Beihartingen/Peyharting = Beyharting) und ihren beiden Brüdern Megingoz und Gebolf gegründet, geht die heutige Gestalt der ehemaligen Stifts- und jetzigen Pfarrkirche St. Johann Baptist auf einen Umbau von 1668–1670 durch Constantin Pader zurück; die spätbarocke Ausschmückung erfolgte 1730 anlässlich des 600-jährigen Gründungsjubiläums. Dabei schufen Johann Baptist Zimmermann sowie die Deckenmaler Jakob

Wie aus dem Märchenbuch: Schloss Maxlrain, erbaut in der zweiten Hälfte des 16. Jahrhunderts und nachfolgend mehrfach verändert.

Das Bräustüberl Maxlrain hat einen schönen Biergarten. Der Maxlrainer Bräu, Prinz von Lobkowicz, residiert im benachbarten Schloss.

LANDGASTHOF WEIHENLINDEN / BRÄUSTÜBERL UND SCHLOSSWIRTSCHAFT IN MAXLRAIN

Eine Klosterwirtschaft ist zwar keine der drei, aber jede für sich schön und empfehlenswert, sowohl was das Ambiente als auch die Speisekarte anlangt. Einen Biergarten haben sie alle, und in Maxlrain kommt zudem das süffige Bier der Schlossbrauerei auf den Tisch.

Landgasthof Weihenlinden, Lindenstr. 45, 83052 Bruckmühl-Weihenlinden, Tel. 0 80 62 / 86 70; nachmittags geschlossen, Oktober bis April Freitag Ruhetag.

Bräustüberl Maxlrain, Stachöder Weg 2, 83104 Tuntenhausen-Maxlrain, Tel. 0 80 61 / 9 24 22; ganzjährig täglich geöffnet.

Schlosswirtschaft Maxlrain, 83104 Tuntenhausen-Maxlrain, Tel. 0 80 61 / 9 07 90; Montag ab 15 Uhr geöffnet, Dienstag Ruhetag.

Wersching, Joseph Schilling und Johann Lisenz Stuck und Fresken. Die Bilder für den Hochaltar und die Chorbogenaltäre (um 1670) malte Antonio Triva. Der Kruzifixus mit Stabat Mater um 1770 wird dem Umkreis Ignaz Günthers zugeschrieben. Sehenswert sind auch die übrige Ausstattung sowie in der Vorhalle die zahlreichen Grabsteine und Epitaphien der einstigen Beyhartinger Pröpste und der Grafen von Maxlrain, außerdem die Deckplatte des ehemaligen Hochgrabs der Klosterstifterin von 1513.

SCHLOSS MAXLRAIN
Benannt nach dem Stammsitz des einstmals mächtigen Grafengeschlechts der Maxlrainer, die im 17. Jahrhundert mit der hinzugeerbten Herrschaft Hohenwaldeck in den Reichsgrafenstand aufrückten. Nachdem die alte Burg abgebrannt war, wurde das Schloss 1582–1585 errichtet und in den folgenden Jahrhunderten mehrfach verändert und mit Anbauten versehen. Schlossherr und Maxlrainer Bräu, Prinz von Lobkowicz, hat im September 2006 das 1. Maxlrainer Ritterspiel inszeniert, ein mittelalterliches Spektakel nach dem Vorbild von Kaltenberg. Auch andere Veranstaltungen stehen auf dem Programm des »Maxlrainer Kultursommers«.
Info: Kartenbüro Maxlrain,
Tel. 0 80 61/90 79 64;
www.kultursommer.maxlrain.de

Gedenkkreuz am Rande des Wanderwegs nahe Stachöd.

Unbedingt besichtigen sollten Sie den mittelalterlichen Kreuzgang mit Netzgewölbe und freigelegten Fresken sowie Sakristei, Schatzkammer und Kapitelsaal (wenn geschlossen, im Pfarrbüro nachfragen). Ansonsten ist von dem im Zuge der Säkularisation von 1803 aufgehobenen Kloster nicht mehr viel übrig geblieben. Einen Großteil der Gebäude hat man damals abgerissen und zum Bau der Rosenheimer Saline verwendet. In dem an Kirche und Kreuzgang anschließenden Trakt, den die Gemeinde Beyharting 1936 aus dem gräflichen Arco-Zinneberg'schen Familienbesitz übereignet bekommen hat, ist der Kindergarten untergebracht.

Wallfahrtskirche Weihenlinden

Auch zu der nach wie vor gern besuchten Weihenlindener Wallfahrtskirche zur Heiligsten Dreifaltigkeit und Muttergottes gehörte früher einmal ein kleines Kloster: 1651–1803 war es dem Augustinerchorherrenstift Weyarn inkorporiert, später übernahmen dann bis in die 1980-er Jahre hinein Serviten die Betreuung der Wallfahrer. Die Klostergebäude hinter der Kirche stehen noch und sind heute Sitz des Pfarramts Weihenlinden-Högling.
Um die Entstehung der Wallfahrt rankt sich eine fromme Legende (dargestellt auf einer der Abbildungen im Arkadenumgang): Anfang des 17. Jahrhunderts war an der Stelle der heutigen Kirche ein eingezäunter Platz, in welchem sich zwei große Lindenbäume (geweihte Linden, Weichlinden/Weihenlinden) und eine steinerne Martersäule befanden. Es hieß, dass hier drei vornehme Männer begraben seien. In dieser Martersäule stellten fromme Bürger eine Muttergottesstatue auf, die einen Sturz

von ihrem Podest in der Höglinger Pfarrkirche wie durch ein Wunder unbeschädigt überstanden hatte. In den Notzeiten der Schwedeneinfälle und Pestjahre gelobten die Höglinger den Bau einer Kapelle bei den »Weichlinden«. Als dann 1643 mit dem Bau begonnen werden sollte, gruben Arbeiter zunächst vergeblich nach Wasser. Da sollen ihnen drei geheimnisvolle Pilger erschienen sein, die ihnen Erfolg und reichen göttlichen Segen versprachen. Im Vertrauen darauf schaufelten die Männer weiter und fanden schließlich einen goldenen Ring sowie eine Quelle. Der Ring gab dann den Ausschlag, die Kapelle rund zu bauen.

Wallfahrtskirche Weihenlinden. Die 2004 vor der West- fassade gepflanzten neuen Linden werden noch Jahrzehnte brauchen, bis sie die Ausmaße ihrer altehr- würdigen Vorgän- gerinnen erreicht haben.

1645 war dieses erste Kirchlein fertig, in welchem besagte Muttergottesfigur verehrt wurde und bis zum heutigen Tag wird. Sie befindet sich hinter dem Hochaltar der 1653–1657 erbauten doppeltürmigen Wallfahrtskirche. Sehenswert im Innern ist die reiche Barockausstattung mit schönem Stuck, üppigen Altären (insbesondere zweigeschossiger Doppelaltar) und prächtiger Kanzel. Beachten Sie vor allem auch den Arkadenumgang mit einem Freskenzyklus von 1757 zur Geschichte der Wallfahrt sowie die Brunnenkapelle mit großem »Wunderbaum«-Gemälde und einem Engelkopf, aus welchem die Heilquelle fließt.

Pfarr- und Wallfahrtskirche Tuntenhausen

Nachdem diese stattliche Kirche mit ihrem eigentümlichen, zusammengebauten Doppelspitzturm im Verlauf der Wanderung immer wieder einmal übers flache Land hin sichtbar wird, soll hier noch kurz darauf eingegangen werden. Das seit 1226 dem Augustinerchorherrenstift Beyharting eingegliederte Gotteshaus ist eine der ältesten Marienwallfahrtskirchen Altbayerns. Der Neubau entstand 1628–1630 unter Einbeziehung des Chors von 1470/80. Besonders sehenswert im Innern: Hochaltar (ein Geschenk des bayerischen Kurfürsten Maximilian I.) mit Gnadenmuttergottes, Chorbogen- und Seitenaltäre, Kanzel, Figuren der zwölf Apostel, Patrona Bavariae im Triumphbogen, Votivbilder und -kerzen; Turmkapelle.

Wandfresko im Bräustüberl Maxlrain.

KLÖSTER ALTENHOHENAU, ROTT A. INN UND ATTEL

ANFAHRT
Auto: Salzburger Auto-
bahn A8, Ausfahrt
Rosenheim, B 15 bis
hinter Lengdorf,
Abzweigung ostwärts
über die Innbrücke
nach Griesstätt, weiter
nach Altenhohenau;
oder B 304 nach
Wasserburg, B 15 süd-
wärts bis zur Abzwei-
gung vor Lengdorf und
weiter wie oben.
Zug: Zielbahnhof Rott
a. Inn; Bus nach Alten-
hohenau.

AUSGANGSPUNKT
Kloster Altenhohenau;
Parkplatz.

GEHZEIT
Etwa 3 Stunden.

CHARAKTERISTIK
Überwiegend ebene,
gut ausgebaute
Naturwege mit kurzen
Straßenpassagen,
größtenteils durch die
schattigen Innauen.

KARTE
(1:50 000) KOMPASS
Nr. 181, Rosenheim,
Bad Aibling.

Zwei- bis Drei-Klöster-Tour am Inn

Gleich drei namhafte Klöster reihen sich zwischen Rosenheim und Wasserburg am Inn aneinander. Zwei davon – Altenhohenau und Rott – können wir auf dieser Tour erwandern, eines – Attel – sieht man von unterwegs stromabwärts aufragen.

Die Wanderung

Von der Klosterkirche in Altenhohenau orientieren wir uns nach Westen, am Kinderspielplatz vorbei, und gelangen schnell zum Inndamm. Hier links ab und auf einem Pfad, dem Hansenweg, am Inn entlang stromaufwärts. In Griesstätt folgen wir dem Wegweiser Richtung »Rosenheim/Rott a. Inn« sowie dem Schild »Inntal-Radweg« und laufen entlang der Teerstraße ab-wärts auf die einzige Brücke zu, die zwischen Rosenheim und Wasserburg den Fluss überquert. Fußgänger und Radler können dies auf einem se-paraten Fahrbahnstreifen tun. Am anderen Ufer gehen wir im Zug des Inn-tal-Radwegs links durch die Unterführung und fädeln oberhalb in den Dammweg ein, der schnurgerade durch lichten Auwald bis kurz vor Leng-dorf führt. Hier muss man ein kurzes Stück nach links entlang der Bundes-straße laufen, bis man rechts in den Ort kommt und wiederum nach rechts auf der Lengdorfer Straße schließlich Rott a. Inn mit seiner sehenswerten Klosterkirche nebst Wirtshaus erreicht.

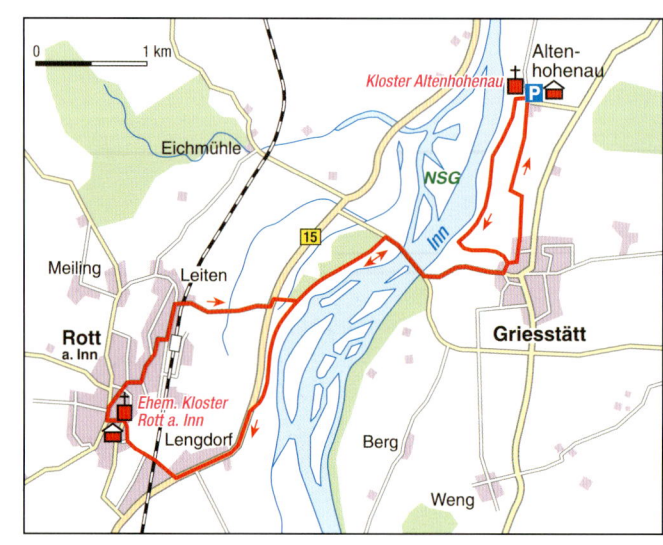

Am Inn entlang kann man bei der Wan-derung Graugänse und andere Vogelarten zu Wasser und zu Lande beobachten.

Den Rückweg treten wir vom Rotter Marktplatz aus an, und zwar auf der Bahnhofstraße zum Bahnhof. Hier wenden wir uns nach links, gehen durch die Unterführung und weiter zur B 15 hinaus. Diese überqueren und auf einem Wiesenpfad wieder zum Herweg auf dem Inndamm zurück. Nun auf bekanntem Weg links nach Griesstätt. Dort bleiben wir weiter auf dem ausgeschilderten Radweg, verlassen den Ort nach links auf der Hofmarkstraße in weites Wiesenland hinaus, sehen vor uns den wuchtigen Komplex von Kloster Attel und schlagen schließlich einen linken Haken zurück nach Altenhohenau.

Bickfang von Rott a. Inn ist schon von Weitem die ehemalige Abtei- und heutige Pfarrkirche St. Marinus und Anianus.

Dominikanerinnenkloster Altenhohenau

1235 als erstes Dominikanerinnenkloster Südbayerns von Graf Konrad von Wasserburg gestiftet, ist Altenhohenau nach 1803 auch heute wieder (seit 1922) von Dominikanerinnen (aus San José in Kalifornien) bewohnt. Die kleine, schmucke Klosterkirche St. Peter und Paul ist ein Neubau von 1660–1680 unter Verwendung älterer Teile; ihre Rokokoausstattung bekam sie 1765–1774, so zum Beispiel drei

KLOSTER-SPECIALS
Altenhohenau:
• Patrozinium 29. Juni
Rott a. Inn:
• Patrozinium
  15. November
• Kirchenführungen
  nach Anmeldung
• Kirchenkonzerte
Info: Kath. Pfarramt,
83543 Rott a. Inn,
Tel. 0 80 39 / 12 02
Attel:
• Patrozinium
  29. September
• Kirchenführungen
  nach Anmeldung
Info: Kath. Pfarramt,
83512 Wasserburg-
Attel,
Tel. 0 80 71 / 92 09 80

Altäre von Ignaz Günther, Deckenfresken im Altaraum sowie Gemälde des rechten Seitenaltars von Matthäus Günther (im Hauptaltar Muttergottesfigur 17. Jahrhundert, im rechten Seitenaltar Reliquienschrein mit Gnadenbild Altenhohenauer Jesulein). Beachtenswert ferner das Mystikerkreuz aus dem 14. Jahrhundert und der Glasschrein daneben mit dem verehrten Columba-Jesulein mit einer kleinen Kollektion von Gewändern und Schühchen daneben. Von Letzteren hat das Jesulein der Überlieferung nach nämlich beträchtlichen Verschleiß, weil es jede Nacht im Kloster herumwandern soll, um die Nonnen zu segnen. Heute muss es sicherlich nicht mehr gar so viel laufen, da nur noch sechs Dominikanerinnen in Altenhohenau leben. Sie haben sowohl die Arbeit in der Landwirtschaft als auch im Schulwesen aufgegeben.

Das Kloster ist ein Neubau von 1923, nachdem die alten Gebäude nach der Säkularisation größtenteils abgebrochen worden waren.

Ehem. Benediktinerabtei Rott a. Inn

Seit Abschluss der Sanierungsarbeiten 2002 ist Rott a. Inn wieder eine der Pilgerstätten zu Ignaz Günther, der für die einstige Abtei- und heutige Pfarrkirche St. Marinus und Anianus einige seiner bildhauerischen Glanzstücke schuf. Zurückgehend auf eine Klostergründung des 11. Jahrhunderts durch Pfalzgraf Kuno von Rott (Stiftertumba von 1485 in der Vorhalle) ist das heutige Gotteshaus ein Neubau von 1759–1763 des Münchner Baumeisters Johann Michael Fischer. (»Die reife Schöpfung eines der bedeutendsten Sakralarchitekten des 18. Jahrhunderts.« N. Lieb) Dem

Um das verehrte Columba-Jesulein (oben) in der Klosterkirche von Altenhohenau (unten) rankt sich eine hübsche Legende.

Innenraum verliehen neben Ignaz Günther und Joseph Götsch (Altäre, Skulpturen) vor allem Jakob Rauch (Stuck) und – wie auch in Altenhohenau – Matthäus Günther (Deckenfresken) glanzvolles Gepräge. Nach dem erzwungenen Weggang der Benediktiner 1803 wurde das Kloster größtenteils abgerissen. Im verbliebenen Trakt wurde Bier gebraut, bis er 1937 ausbrannte; heute sind hier Privatwohnungen.

Ehem. Benediktinerabtei Attel

Nach Zerstörung eines ersten, von Andechs gestifteten Klosters erfolgte 1137 die Neugründung des Atteler Benediktinerklosters durch Hallgraf Engelbrecht von Limburg. Die hoch über dem Inn aufragende ehemalige Abtei- und heutige Pfarrkirche St. Michael ist ein wuchtiger Neubau von 1713–1715 mit reicher, überwiegend spätbarocker Ausstattung. Miesbacher Stuck um 1715, in den Seitenkapellen unter Einfluss Johann Baptist Zimmermanns. Der Hochaltar von 1731 zeigt eine Kopie des Rubens-Gemäldes »Apokalyptisches Weib« von Bruder

Eine Pilgerstätte zu Ignaz Günther ist die ehemalige Klosterkirche von Rott a. Inn.

BRÄUSTÜBERL ROTT A. INN
Als Klosterwirtschaft in Rott a. Inn empfiehlt sich das Bräustüberl mit romantischem Biergarten und Blick auf die Kirchenfassade. Urgemütlich sitzt es sich im Gastzimmer, dem früheren klösterlichen Pferdestall mit Rundbogengewölbe. Wenig Fortune hatten in den letzten Jahren die Pächter des Altenhohenauer Hubertushofs. Es handelt sich dabei um das zur Gaststätte umfunktionierte alte Refektorium und Wohngebäude des Klosters aus dem Jahre 1235. Besonders idyllisch ist der Biergarten auf dem baumbestandenen Wiesenfleck vorm Haus. Bleibt nur zu hoffen, dass der Hubertushof bald wieder bewirtschaftet sein wird.
Bräustüberl,
Marktplatz 8,
83543 Rott am Inn,
Tel. 0 80 39/13 60;
Donnerstag Ruhetag,
im Oktober geschlossen.

Leander Laubacher, flankiert von Skulpturen des heiligen Benedikt und seiner Schwester Scholastika, im Auszug eine Figurengruppe mit dem heiligen Michael. Im östlichen Joch steht der Kreuzaltar von Constantin Pader (1665) mit dem Gnadenkruzifix aus dem 13. Jahrhundert. Die Seitenaltäre datieren einheitlich um 1715, die Kanzel aus dem 17. Jahrhundert; gegenüber ein Kruzifixus mit Mater dolorosa von Tobias Baader aus der zweiten Hälfte des 17. Jahrhunderts. Interessant sind auch die Epitaphien früherer Äbte sowie die Stiftertumba für Graf Engelbrecht zu Limburg (Wasserburg), die 1509 von dem Wasserburger Meister Wolfgang Leb geschaffen wurde.

Im ehemaligen Kloster mit zusätzlichen neueren Gebäuden befinden sich heute Behinderteneinrichtungen mit Wohn- und Werkstätten.

26 KLÖSTER GARS UND AU A. INN
Klosterland zwischen Wasserburg und Mühldorf

Zwei alte, traditionsreiche Klöster, die im Vergleich zu manch anderen im südlichen Oberbayern relativ wenig touristischen Zulauf finden. Ganz zu Unrecht, denn das Land entlang dem Inn zwischen Wasserburg und Mühldorf ist durchaus besuchenswert.

ANFAHRT
Auto: B 12 München – Mühldorf, St 2353 nach Gars a. Inn, oder aus Richtung Wasserburg a. Inn. *Zug:* Zielbahnhof Gars-Bahnhof; *Bus* in den Ort.

AUSGANGSPUNKT
Kloster Gars a. Inn (Franziskushaus); Parkplatz.

GEHZEIT
Etwa 2 1/2 Stunden.

CHARAKTERISTIK
Am Anfang und Schluss ein längeres Straßenstück, sonst ebene Naturwege, überwiegend sonnig.

KARTE
(1:50 000) Bayer. Landesvermessungs-amt, L 7938 Wasser-burg a. Inn.

Die Wanderung

Ausgehend vom Franziskushaus in Kloster Gars spazieren wir zunächst etwa eine knappe Viertelstunde entlang der Fahrstraße in Richtung »Au am Inn«. Kurz hinter Daumoos entdecken wir dann ein grünes Schild mit der weißen Ziffer 11 darauf, das von der Straße rechts ab in die Wiesen weist. Wir folgen ihm und haben schon bald danach einen wunderschönen Blick von unserer »Steilküste« hinunter auf den Inn.

In einer Linksschleife gehen wir durch das ländliche Stadel hindurch und kommen nach links wieder hinaus zur Fahrstraße. Genau gegenüber in den Feldweg hinein und nun durch Wiesen und zwischen Maisfeldern am bewaldeten Abhang der Mangstleite entlang (Markierungs-Nr. 11). In Wörth berührt man wieder die Fahrstraße Gars – Au. Wir überqueren sie und auch die kleine Brücke und biegen dann rechts auf einen Wiesenweg ab. Diesen erst geradeaus und dann links zum Waldrand. Es geht kurz aufwärts und dann sieht man auch schon die Doppeltürme von Kloster Au aufragen. – Auf dem gleichen Weg wieder zurück nach Gars.

Ehem. Augustinerchorherrenstifte Gars und Au a. Inn,

heute Redemptoristenkloster bzw. Franziskanerinnernkloster. Die beiden Klöster liegen nicht nur nahe beisammen in zwei separaten Innschleifen, sie weisen auch in Gestalt und geschichtlicher Entwicklung Parallelen auf. Beide entstanden aus im 8. Jahrhundert gegründeten religiösen Zellen, die der Salzburger Benediktinerabtei St. Peter geschenkt wurden. Nach 1122 Umwandlung in Augustiner-chorherrenstifte und Bau zweier romanischer Basiliken durch die Erbvögte und Grafen von Megling (das Stampflschlössl über Au a. Inn ist ein kleiner Rest ihrer ehemaligen Burg). Im 17. Jahrhundert entstanden dann die mächtigen doppeltürmigen barocken Klosterkirchen – heute Pfarrkirche Mariä Himmelfahrt in Gars und Pfarrkirche St.

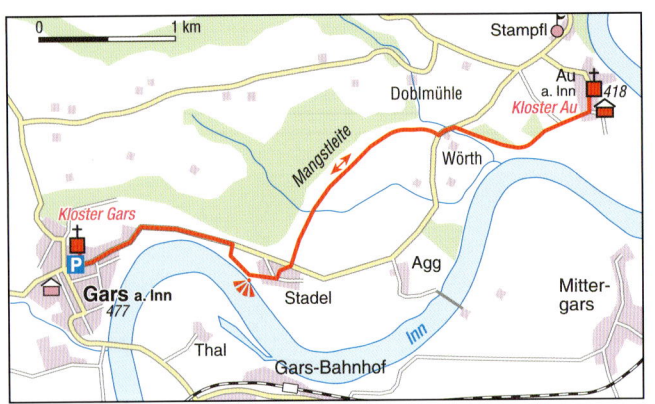

Die Wanderung verbindet die Klöster Gars und Au a. Inn (links).

KLOSTER-SPECIALS
Gars a. Inn:
• Patrozinium
  15. August
• Kirchenführungen
  nach Anmeldung
Au a. Inn:
• Patrozinium
  12. September
• Kirchenführungen
  nach Anmeldung
• Auer Klosterbier
Info: Kath. Pfarramt
Gars bzw. Au,
83536 Gars a. Inn,
Tel. 0 80 73/10 38

Maria in Au – , und zwar nach dem Vorbild von St. Michael in München als Wandpfeileranlagen mit Emporen über Kapellen und mit jeweils reicher Innenausstattung: Stuck, Deckenfresken, pompöse Altäre, Kanzel, Chorgestühl, Grabdenkmäler des 15.–18. Jahrhunderts.

Auch die Säkularisation mussten beide Innklöster 1803 über sich ergehen lassen. Wie üblich wurden Gold, Silber und sonstige Wertgegenstände fortgeschafft und Klostergebäude und landwirtschaftlicher Besitz versteigert. Von Au weiß man, dass die dortige umfangreiche wertvolle Klosterbibliothek auf drei Innschiffe verladen und zu einer Papiermühle nach Weiding zum Einstampfen gebracht wurde. 1854 kam dann mit Dillinger Franziskanerinnen wieder klösterliches Leben nach Au; sie unterhalten heute eine Sonderschule mit Tagesstätte für geistig behinderte Kinder. In Gars wirken

seit 1855 Redemptoristen, die ein Institut für Lehrerfortbildung sowie ein Internat und Tagesheim für Schüler des jetzt staatlichen Gymnasiums betreiben; auch ein großer Gärtnereibetrieb gehört zum Kloster.

Für die Einkehr ist gesorgt: Traditionelles Wappen eines Gasthofes in Au a. Inn.

BRÄUSTÜBERL AU A. INN
1635 gründeten die Augustinerchorherren die Auer Klosterbrauerei, und 1803 wurde sie von Lorenz Lang, dem Urahn der heutigen Wirtsgeneration, aus der Säkularisationsmasse aufgekauft. Zur Brauerei gehört das urige kleine Bräustüberl mit großem Biergarten im Klosterhof.
Bräustüberl Au a. Inn,
Klosterhof 3,
83546 Au a. Inn,
Tel. 0 80 73/12 09;
geöffnet ab 12 Uhr,
am Wochenende ab
10 Uhr; Dezember
bis Februar Montag
Ruhetag.

KLÖSTER IN ALTÖTTING
Von Kastl zur größten bayerischen Marienwallfahrt

ANFAHRT
Zug: Zielbahnhof Kastl;
Rückfahrt ab Altötting.

AUSGANGSPUNKT
Bahnhof Kastl.

GEHZEIT
Knapp 2 Stunden.

CHARAKTERISTIK
Im Altöttinger Forst
ebene, schattige
Forstwege.

KARTE
(1:50 000) Bayer.
Landesvermessungs-
amt, L 7742 Altötting
und L 7942 Burg-
hausen; besser: Fritsch
Wanderkarte, Land-
kreis Altötting.

*Altöttinger
Gnadenkapelle.*

Altötting ist der bedeutendste Marienwallfahrtsort Bayerns und wurde in jüngerer Zeit bereits durch zwei Papstbesuche geadelt. Jährlich kommen etwa eine Million Pilger zur Schwarzen Madonna; allein bei der viertägigen Pfingstwallfahrt der Diözese Regensburg machen sich über 8000 auf den Weg. Unsere Wanderroute ist dagegen harmlos. Damit genügend Zeit für Besichtigungen bleibt, wird eine kurze Tour von Bahnstation zu Bahnstation vorgeschlagen: In Kastl aus- und in Altötting wieder einsteigen; dazwischen liegen unter anderem etwa fünf Kilometer schattige und bequeme Forstwege.

Die Wanderung

Vom Startbahnhof Kastl aus gehen wir durch die Bahnunterführung und damit auch gleich hinein in den Altöttinger Forst. Auf der Forststraße geradeaus weiter und nach etwa 100 Metern in einen weiteren Forstweg nach links. An der zweiten Kreuzung links (Nord-Geräumt) und an den folgenden Wegekreuzungen links halten, entsprechend den Hinweis-schildern »Altötting«. Wenn unser Forstweg zum Vita Partours wird, wissen wir, dass wir bald in Altötting sind. Links auf einer Fußgängerbrücke über die Schnellstraße, und wir haben den Ort erreicht, allerdings erst das wenig

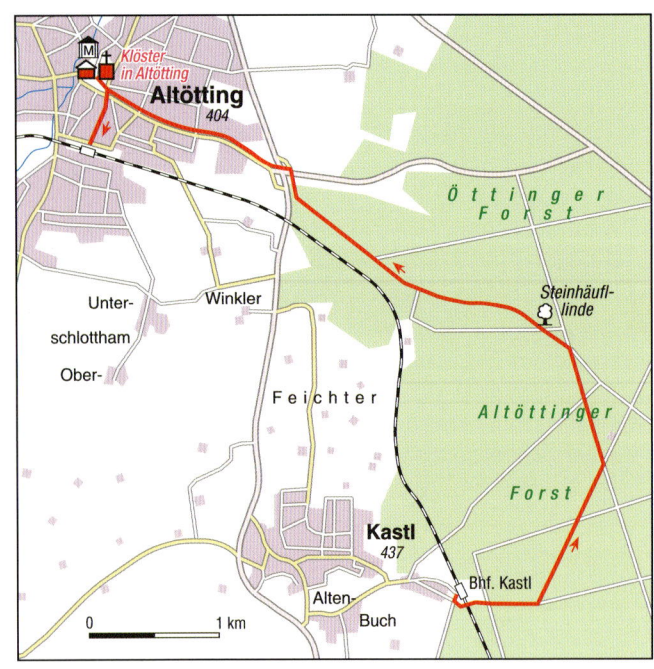

charmante Industriegelände, das es geradeaus zu durchqueren gilt (wochentags Abkürzung mit Bus möglich) – direkt hin zum Kapellplatz, dem Herzstück Altöttings.

Die wichtigsten Klöster und Kirchen Altöttings

Zum besseren Verständnis zunächst ein kleiner Abstecher in die Geschichte: 748 taucht »Ötting« erstmals urkundlich als Amtshof der Agilolfinger auf. Nach 788 wird Altötting Königspfalz; König Karlmann begründet 877 ein Chorherrenstift sowie die erste Stiftskirche. Nach dem Untergang in den Ungarnstürmen 1228 Erneuerung des Chorherrenstifts durch Herzog Ludwig den Kelheimer sowie der Stiftskirche im romanischen Stil. 1489 Beginn der Wallfahrt zur Schwarzen Madonna (burgundische Arbeit um 1300), befördert durch die Wittelsbacher, die ab dem 18. Jahrhundert ihre Herzen in der Gnadenkapelle beisetzen lassen. Diese erhebt sich zentral auf dem Kapellplatz und besteht aus dem Oktogon (ursprünglich Pfalzkapelle um 800) mit überreichem barocken Gnadenaltar und dem Langhaus mit votivgeschmücktem Umgang (15. Jahrhundert).

Kulturgeschichtlich am interessantesten ist die Stifts- und Pfarrkirche St. Philippus und St. Jakobus, eine spätgotische,

Rund um Gnadenkapelle, Stiftskirche (rechts) und Kirche St. Magdalena (links) finden sich zahlreiche Devotionalienläden (Bild unten).

KLOSTER-SPECIALS
- Patrozinium der Gnadenkapelle 15. August
- Kirchenführungen nach Anmeldung
- Schatzkammer
- Wallfahrts- und Heimatmuseum
- Panorama Kreuzweg Christi (Rundblickgemälde)
- Mechanische Krippe
- Im Marienwerk: Marien- und Bruder-Konrad-Film, Dioramenschau Altötting
Info: Wallfahrts- und Verkehrsbüro, Kapellplatz 2 a, 84503 Altötting, Tel. 0 86 71/50 62-38; www.altoetting.de

dreischiffige Hallenkirche von Anfang 1500 mit schlanken, spitzen Doppeltürmen. Das Stift selbst wurde in der Säkularisation 1803 aufgelöst, aber 1929 durch ein drittes Kanonikatsstift fortgesetzt. Die Pfarrkirche weist zahlreiche Denkmäler vergangener Jahrhunderte und Stilepochen auf. Das älteste ist ein Taufbecken aus dem 12. Jahrhundert im Vorraum des romanischen Westportals; hier auch die alte Glocke von 1497. Aus dem 13. Jahrhundert stammen die Türme sowie Vorhalle, Westempore und Südmauer. Ins beginnende 16. Jahrhundert, also die Zeit der Spätgotik, datieren die beiden rückwärtigen Kirchenportale und das Kreuz links vom Hochaltar aus der Leinbergerschule. Hochaltar und Chorgestühl wiederum repräsentieren den Klassizismus und wurden um 1800 eingebaut. Die Seitenaltäre, meist aus der Mitte des 18. Jahrhunderts, zeigen Gemälde und Skulpturen namhafter Künster: zum Beispiel Abendmalsdarstellungen von Johann Jakob Dorner, Heiligste Dreifaltigkeit von Jacopo Zanusi, St. Florian und St. Johannes Nepomuk im ersten Altarpaar von Christian Jorhan, vier Evangelisten im zweiten Altarpaar von Roman Anton Boos. Rückwärts im Kirchenschiff, in der Ecke zwischen Orgelempore und Nordportal, steht eine etwa sieben Meter hohe Schrankuhr aus dem 17. Jahrhundert, die von einem kleinen Totengerippe aus versilbertem Holz gekrönt wird. Dieser »Tod von Eding«, der auf die Pestzeit zurückgeht, mäht mit seiner Sense im Takt der Uhr.

Sehenswert ist auch der spätgotische Kreuzgang mit vielen Gedenksteinen und vier Kapellen. Am bekanntesten ist die Tillykapelle (1425 als Peterskirche erbaut), in welcher die Särge des ruhmreichen Feldherrn und großen Marienverehrers Johann Tserclaes Graf von Tilly und einiger seiner Ver-

Fromme Votivbilder aus mehreren Jahrhunderten schmücken den Umgang der Altöttinger Gnadenkapelle vom Boden bis zur Decke.

wandten beigesetzt sind. Ein Reiterstandbild Tillys steht zudem auf dem Kapellplatz.

Im ehemaligen St.-Anna-, seit 1961 Bruder-Konrad-Kloster wohnten von 1654 bis zur Säkularisation Franziskaner. Danach hat man hier aus verschiedenen anderen Klöstern vertriebene Kapuzinerpatres mehr oder weniger interniert. 1826 gestattete König Ludwig I. schließlich den Fortbestand der bayerischen Kapuzinerprovinz. 1959/60 wurde das Kloster größtenteils neu gebaut, und 2003 zogen die Kapuziner von St. Konrad nach St. Magdalena um. Neben der Muttergottes am meisten verehrt in Altötting wird Bruder Konrad von Parzham (1818–1894), der 41 Jahre lang ein heiligmäßiges Leben als Pförtner im St.-Anna-Kloster führte. Sehenswert: Bruder-Konrad-Kirche mit Reliquienschrein, alte Pforte, Bruder-Konrad-Brunnen.

Kloster und Kirche St. Magdalena werden seit 1874 – wie auch die vielen hundert Pilgerzüge, die jährlich nach Altötting kommen – von Kapuzinerpatres betreut (hier auch Jugendübernachtungshaus). Vor ihnen waren es, ab 1591, nacheinander Jesuiten, Malteser, Redemptoristen. Sehenswert: St.-Magdalena-Kirche (1690), St.-Josefs-Kapelle (1674), Kongregationssaal (1696). Die größte Kirche, mit einer Länge von 83 Metern und einem Fassungsvermögen von über 8000 Personen, ist die neubarocke Päpstliche Basilika St. Anna (1910–1912).

Auch die Schatzkammer muss noch erwähnt werden. Seit 1510 werden hier wertvolle, vor allem von adeligen Persönlichkeiten gestiftete Opfergaben aufbewahrt: Schmuckstücke, Reliquien, Kelche, Monstranzen, Rosenkränze. Das berühmteste Kunstwerk ist das so genannte Goldene Rössl, eine französische Goldemaille-Plastik von 1404.

Spätgotischer Kreuzgang in der Stifts- und Pfarrkirche von Altötting.

HOTEL RESTAURANT CAFÉ ZUR POST
Wer einkehren will, kann rund um den Altöttinger Kapellplatz wählen zwischen Cafés, Wienerwald, Italiener sowie sonstigen Gaststätten. Das erste Haus am Platze ist das Hotel Restaurant Café zur Post mit schickem Innenleben, gepflegter Küche und direktem Blick auf Gnadenkapelle und Stiftskirche.
Hotel zur Post, Kapellplatz 2, 84503 Altötting, Tel. 0 86 71/5 04-0; ganzjährig täglich geöffnet

28 KLOSTER BAUMBURG
An der Alz: zu Fuß und mit der Fähre

ANFAHRT
Auto: Salzburger Autobahn A 8, Ausfahrt Traunstein/Siegsdorf, über Traunstein nach Altenmarkt a. d. Alz; B 304 München – Freilassing; oder B 299 Altötting – Altenmarkt a. d. Alz; oder vom Chiemsee über Seeon. *Zug:* Zielbahnhof Altenmarkt a. d. Alz.

AUSGANGSPUNKT
Baumburg, Klosterhof; Parkplatz hier bzw. an der Auffahrtsstraße.

GEHZEIT
1 1/2 bzw. gut 2 bzw. gut 4 Stunden.

CHARAKTERISTIK
Naturwege und Teersträßchen, ständig leicht auf und ab, mal sonnig, mal schattig.

BADEN
In der Alz (Laufenau).

KARTE
(1:50 000) Bayer. Landesvermessungsamt, Umgebungskarte Altötting, Burghausen, Traunstein, Rupertiwinkel.

Weitum erblickt man die auf steiler Anhöhe über dem Zusammenfluss von Alz und Traun gelegene ehemalige Baumburger Stiftskirche mit ihren gewaltigen Doppelzwiebeltürmen. Als der »größte und glänzendste einheitliche Rokokobau des ganzen Chiemgaus« wird sie im Führer beschrieben. Ein Ausflug hierher lohnt sich – und auch die Wanderung entlang der romantischen Alzschleifen hat ihren Reiz.

Die Wanderung

Vom Klosterhof gehen wir zunächst auf der Zufahrtsstraße ein kurzes Stück zurück und biegen dann links ab zum Friedhof. Geradeaus daran vorbei, beim Weiher links, im Rechtsbogen über die Wiese (Laufenau) und anschließend auf einer Brücke die Alz überqueren. Am anderen Ufer wenden wir uns nach links und spazieren auf einem Naturweg flussaufwärts. Wenig später inszeniert die Alz einen kleinen Wasserfall, und gleich danach müssen wir rechts durch die Wiese zur Straße hinaufsteigen. Hier orientieren wir uns an dem Schild »Massing« nach links und folgen im weiteren Verlauf dem Weg abwärts in den schattigen Auwald. Wie bei dieser Wanderung obligatorisch, geht es später wieder leicht aufwärts. Wenn wir die Fahrstraße erreichen, haben wir erneut einen freien Rundumblick. Wir wenden uns nach links und bei der Bushaltestelle links abwärts nach Massingmühle, wo wir der Alz für kurze Zeit wieder ganz nahe kommen.

Auf dem Teersträßchen durchqueren wir geradeaus das Wiesental mit einigen wenigen landwirtschaftlichen Anwesen. Beim Schild »Roiter« suchen wir uns die kleine Wirtschaft und den dazugehörigen Wirt, der uns gegen ein Trinkgeld mit seiner Fähre zum anderen Alzufer übersetzt (bei günstigem Wasserstand Frühjahr bis Spätherbst täglich außer dienstags; sicherheitshalber anrufen: Tel 0 86 21/73 87). Hier steigen wir wieder einmal

einen kleinen Hang aufwärts und durchqueren danach in einem Linksbogen die schöne Wiesenaue. Dann geht's noch einmal aufwärts, und zwar
an der Gabelung rechts, Richtung »Baumburg«. Oben angelangt, wenden
wir uns nach links und wandern schnurstracks auf den Klosterkomplex zu.
Am Schluss, entlang der alten Klostermauer, passieren wir das schön reno-
vierte Sommerschlösschen (siehe Seite 109) und den linker Hand gelegenen großen, unbewirtschafteten Klosterökonomiehof.

*Oben: Eingangsfassade
der ehemaligen Baum-
burger Stifts- und
heutigen Pfarrkirche.*

*Unten: Bedarfsfähre
über die Alz.*

KLOSTER-SPECIALS
- Patrozinium
  22. Februar
- Kirchenführungen
  nach Anmeldung
- Kirchenkonzerte
- Seminarhotel
- Baumburger
  Klosterbier

Info: Kath. Pfarramt
Baumburg,
83352 Altenmarkt a. d.
Alz, Tel. 0 86 21/27 53

28

Wem eineinhalb Stunden für eine Wanderung zu kurz sind, der kann die Tour folgendermaßen verlängern: von Massingmühle mit einer weiter ausholenden Schleife durch das Wiesental über Mörn, Höllthal, Brandl, Zainach und Wies zum Wirtshaus Roiter (insgesamt gut zwei Stunden); oder von Höllthal westwärts bis Seeon und Kloster Seeon (insgesamt gut vier Stunden).

Ehem. Augustinerchorherrenstift Baumburg

925 als »Poumburc« erstmals urkundlich erwähnt, wurde das Stift Baumburg auf Betreiben der Gräfin Adelheid von Sulzbach um 1105 neu begründet (nach einem kurzlebigen Kloster zu Beginn des 11. Jahrhunderts) und mit Augustinerchorherren aus Rottenbuch beschickt. Von der alten, 1156 geweihten Basilika sind noch die wuchtigen Doppeltürme aus Tuffquadern und Felssteinen sowie der untere Teil der Umfassungsmauern erhalten, welche beim Neubau 1755–1758 durch den Trostberger Baumeister Franz Alois Mayr mit einbezogen wurden. Gleichfalls integriert wurden damals die 1383 von Oswald von Toerring gestiftete Kapelle südlich des Chors (heute Sakristei) und die Heilig-Grab-Kapelle von 1441 an der Chornordseite.

Ansonsten ist die ehemalige Augustinerchorherrenstifts- und heutige Pfarrkirche St. Margaretha ein weitgehender Rokokoneubau von 1755–1758 mit sehr reicher Innenausstattung. Wessobrunner Stuck umrahmt die besonders sehenswerten Deckenfresken des Asam-Schülers Felix Anton Scheffler, welche die Lebensgeschichte des heiligen Augustinus darstellen. Im gewaltigen Hochaltar mit Säulen und überlebensgroßen Figuren aus Stuckmarmor befindet sich ein Altarblatt, das 1757 von dem Augsburger Joseph Hartmann gemalt wurde: »König Ludwig XIV. von Frankreich und Gemahlin danken der Kirchenpatronin für den erflehten Ehesegen«. Bemerkenswert auch die Seitenaltäre – insbesondere jene in den vordersten Nischen von dem Trostberger Bildhauer Johann Georg Kapfer mit plastischen Gruppendarstellungen –, das reich geschnitzte Chorgestühl und die große Anzahl alter Epitaphien, zumeist aus dem 15. Jahrhundert. Darunter befindet sich die Deckplatte des ehemaligen Hochgrabs für die Stifterin Adelheid von Sulzbach, die darauf mit dem Kirchenmodell abgebildet ist. In der Heilig-Grab-Kapelle schließlich sehen wir eine seltene Kreuztragungsgruppe um 1500, die mehrere Stationen des Leideswegs Christi zeigt.

Das Baumburger Stift – seit dem 12. Jahrhundert Archidiakonat mit bedeutender kirchlicher Machtposition und Grundbesitz in Bayern, Tirol, dem Pinzgau und Niederösterreich – musste durch die Jahrhunderte viele Schicksalsschläge hinnehmen: allein drei Großbrände in zehn Jahren (1530–1540), und im späten 18. Jahrhundert hatten sich die Pröpste derart verschuldet, dass das Stift unter Administration gestellt wurde. Nach 1803 ist das Kloster nicht mehr wiederbelebt worden. Damals hat man die 40 Chorherren vertrieben, die rund 8000 Bände der Klosterbibliothek zerstreut oder eingestampft, beträchtliches Grundvermögen eingezogen und die

KLOSTERBRÄUSTÜBERL BAUMBURG

Wir finden es neben der Toreinfahrt in den neu hergerichteten Klosterhof. In der bäuerlichen Wirtsstube erwarten den Gast viel dunkles Holz, Jagdtrophäen, Schützenscheiben und ein heimeliger Kachelofen; außerdem werden dem Frischluftfanatiker ein sonniger Biergarten und eine schattige Veranda geboten. Auf den Tisch kommt vorwiegend bayerisch-bürgerliche Kost – und natürlich Baumburger Klosterbier.
Klosterbräustüberl Baumburg,
83352 Altenmarkt a. d. Alz,
Tel. 0 86 21/51 55; ganzjährig täglich geöffnet.

Langhaus der Baumburger Kirche mit monumentalem Stuckmarmor-Hochaltar und einheitlicher Rokokoausschmückung. Die Kirchenpatronin, die heilige Margareta, galt als Fürbitterin kinderloser Ehepaare.
Am Fest Christi Himmelfahrt wird in Baumburg noch der barocke Brauch gepflegt, während des Hochamts eine Christusfigur an einem Seil durch die sogenannte Himmelfahrtsluke in der Kirchendecke emporzuziehen.

meisten Klostergebäude niedergerissen bzw. verkauft. Von dem einstmals um vier Höfe gruppierten Komplex – erbaut 1688–1737 auf älteren Anlagen – ist nur noch wenig übrig geblieben. Darunter zählen ein Teil des Konventstocks neben der Kirche (jetzt Pfarrhof), der so genannte Gartentrakt sowie ein Großteil der Wirtschaftsgebäude, heute im Besitz der Klosterbrauerei Baumburg mit eigenem Bräustüberl. Die Brauerei ist auch Eigentümerin der alten, renovierungsbedürftigen Klosterökonomie schräg gegenüber.
Ein Schmuckstück dagegen ist das weiter südlich gelegene, sehr gut sanierte Sommerschlösschen, das sich Propst Toblhamer 1564 erbauen ließ (auch Poyßlschlössl genannt nach dem Chorherrn Johann Albert Poyßl, der hier im 17. Jahrhundert seine witzig-satirischen Verse schrieb).

KLOSTER SEEON
Stille Natur um das einstige Kloster im See

ANFAHRT
Auto: Salzburger Auto-
bahn A 8, Ausfahrt
Bernau, über Prien und
Seebruck nach Kloster
Seeon; oder B 304
München – Wasser-
burg – Traunstein,
bei Obing Abzweigung
nach Kloster Seeon;
B 299 Altötting –
Altenmarkt a. d. Alz,
über Obing nach
Kloster Seeon.
Zug: Zielbahnhof
Traunstein; *Bus* nach
Kloster Seeon.

AUSGANGSPUNKT
Kloster Seeon;
Parkplatz.

GEHZEIT
Etwa 1 1/2 Stunden.

CHARAKTERISTIK
Überwiegend ebene
und schattige Natur-
wege.

BADEN
Im Klostersee und
Griessee

KARTEN
(1:50 000) KOMPASS
Nr. 10 Chiemsee, Sims-
see; Bayer. Landesver-
messungsamt Umge-
bungskarte Chiemsee.

Dort, wo 800 Jahre lang Mönche wohnten, das Umland bestellten und sowohl seelsorgerisch als auch kulturell tätig waren, treffen sich heute interessierte Menschen zu Tagungen, Weiterbildung und unterschiedlichsten Veranstaltungen. Das einstige bedeutende Benediktinerkloster Seeon hat in dem Kultur- und Bildungszentrum des Bezirks Oberbayern einen würdigen Nachfolger gefunden. Die kleine, aber feine Wanderung führt uns vom viel besuchten Inselkloster ins erholsam ruhige, wald-, moor- und seenreiche Hinterland.

Die Wanderung

Wer gleich als Erstes Kirche und Klostergebäude besichtigen möchte, kann sich damit Zeit lassen, denn die Wanderung ist nicht lang. Sie beginnt beim Friedhof mit dem Walburgiskirchlein auf dem Fußweg am Ufer des Klostersees entlang mit fotogenen Ausblicken auf die Doppelzwiebeltürme der ehemaligen Abteikirche. Links in der Wiese steht die so genannte Mozarteiche. Am Kapellchen im Ortsteil Weinberg (hier ehemaliger klösterlicher

Baden im Klostersee mit Blick auf Kloster Seeon, heute Kultur- und Bildungszentrum des Bezirks Oberbayern.

Weinanbau) links in das leicht aufwärts verlaufende Teersträßchen (»Rundweg 1«). In der Linkskurve, beim Eintritt in den Wald, biegen wir in den Kiesweg (Fahrverbotsschild) nach rechts und in den darauf folgenden nach links ein. Immer geradeaus haltend wandern

wir durch Wald und orientieren uns an den vereinzelten Schildern »Rundweg«. Wir erreichen eine Standorttafel mit Bank: Wer zum Griessee – mit Freibademöglichkeit – möchte, wendet sich nach rechts. Wer hingegen die nahezu absolute Stille sucht, dringt auf einem schmalen Pfad geradeaus in den Schilfgürtel des Brunnensees ein.

Die in ihrem Kern romanische ehemalige Seeoner Klosterkirche wurde Mitte des 17. Jahrhunderts teilweise barockisiert.

KLOSTER-SPECIALS
- Patrozinium 18. September
- Kirchenführungen nach Anmeldung
- Klosterladen
- Breites Angebot des Kultur- und Bildungszentrums: Konzerte, Theateraufführungen, Ausstellungen, Seminare, Exkursionen, Kursprogramme (Kochen, Schreibkunst und Buchmalerei, kreatives Gestalten u.v.m.)

Info: Kloster Seeon, Kultur- und Bildungszentrum des Bezirks Oberbayern, 83370 Seeon, Tel. 0 86 24 / 8 97-0; www.kloster-seeon.de

29

Nach einem Brückchen folgen wir dem Schild »Brunnensee« nach links in baumbestandenes Moosgelände. Auf Robinsons Pfaden suchen wir uns im Zweifelsfall immer das Weglein aus, das in Ufernähe bzw. am Schilf entlang verläuft (der See zeigt sich nur von einigen versteckten Buchten aus). Am Ufer entlang wandernd kommen wir bis kurz vor die Fahrstraße nach Großbergham. Hier wenden wir uns nach links und spazieren nun auf der anderen Uferseite zurück. Zunächst am Waldrand entlang, dann, das Schild »Großbergham« ignorierend, kurz geradeaus durchs Schilf und anschließend wieder auf einem Weglein zwischen Schilf und Waldrand dahin. Wenn wir erneut auf eine Freifläche treten (NSG-Schild), nicht den ausgefahrenen Weg im Rechtsbogen in den Wald hinein verfolgen, sondern auf einem Trampelpfad weiter geradeaus am Waldrand entlang. Das Weglein beschreibt einen Linksbogen, an einem Hochsitz vorüber, dann betritt man eine Weidewiese, sieht im Rückblick ein Stückchen See und rechts oben vorbeieilende Autos auf der Fahrstraße Obing – Seebruck.

Geradeaus auf den Waldrand zu, links ab und am Waldrand entlang, dann geradeaus über eine Wiese, ein Brückchen überqueren und weiter gerade-

Der Name des Ortsteils Weinberg weist auf den ehemaligen klösterlichen Weinanbau hin.

aus zum nächsten Waldrand mit Jägerhochsitz. Hier befindet sich wieder eine Standorttafel, und an ihr vorbei führt ein Weg geradeaus in den Wald hinein. Wir folgen ihm leicht ansteigend, bis er auf das Teersträßchen trifft, das uns, links ab, wieder zum Klostersee hinunterbringt. Auf bekanntem Weg kehren wir zurück zum Klosterkomplex – und zu den angegebenen Einkehrmöglichkeiten.

Ehem. Benediktinerabtei Seeon

994 von Pfalzgraf Aribo I. auf einer Insel im Klostersee gegründet, erlebte es seine kulturelle (u. a. Buchmalerei) und wissenschaftliche Hochblüte insbesondere im 13. und vom 16. bis 18. Jahrhundert und zählte vor der Säkularisation zeitweise zu den reichsten Klöstern Bayerns. In der ehemaligen Kloster- und heutigen Pfarrkirche St. Lampert, einer beeindruckenden dreischiffigen romanischen Säulenbasilika, die im 15. Jahrhundert umgebaut und Mitte des 17. Jahrhunderts teilbarockisiert wurde, kann man noch die fast vollständig erhaltene Freskierung von 1597 sehen. Beachtenswert ferner: Hochaltar mit Nachbildung einer Thronenden Muttergottes um 1433 (Original im Bayerischen Nationalmuseum München), Muttergottes um 1525 von Hans Leinberger am südwestlichen Pfeiler, Barbarakapelle mit Abtsgrabsteinen 1400–1600 um das 1400 von Hans Heider gestaltete Stifterhochgrab. Weitere Grabsteine namhafter Klosteräbte finden sich unter anderem auch im 1428–1433 entstandenen Kreuzgang. Die Klostergebäude aus dem 14.–18. Jahrhundert gruppieren sich um drei Höfe. Nach der Privatisierung wurden Spital und Bibliothek abgebrochen, 1816 der Zufahrtsdamm gebaut und im Klostertrakt zunächst ein Heilbad etabliert. 1852 erwarb dann Prinzessin Amélie, Enkelin des Bayernkönigs Max I. Joseph, das Kloster, das in weiterer Erbfolge an Herzog Nikolaus von Leuchtenberg, Fürst Romanowsky, einen Sohn ihres Bruders Maximilian, der eine Zarentochter geheiratet hatte, überging. Somit begann die Verbindung des oberbayerischen Klosters Seeon mit dem russischen Zarenhaus. Nach der Revolution fanden viele namhafte russische Adelige hier im Chiemgau Unterschlupf. Dies erklärt auch die russisch-orthodoxen Grabmäler auf dem kleinen Friedhof mit dem Walburgiskirchlein (15. Jahrhundert, wohl an der Stelle eines vom 10. –13. Jahrhundert existierenden Nonnenklosters).

Seit 1986 im Besitz des Bezirks Oberbayern, präsentiert sich Kloster Seeon heute als attraktives, vielseitiges und für jedermann zugängliches Kultur- und Bildungszentrum.

Gedenktafel für die angebliche Zarentochter Anastasia auf dem Friedhof von Kloster Seeon.

ANFAHRT
Auto: Salzburger Auto-
bahn A 8, Ausfahrt
Bernau, über Prien,
Rimsting, Breitbrunn
nach Gstadt;
Zufahrt auch von
Seebruck, Eggstätt
oder Bad Endorf.
Zug: Zielbahnhof Prien;
weiter mit *Bus* oder
Schiff nach Gstadt.

AUSGANGSPUNKT
Gstadt, Dampfer-
anlegesteg;
ausgeschilderte
Parkplätze im Ort.

GEHZEIT
Etwa 2 Stunden
(einfache Strecke).

CHARAKTERISTIK
Breiter, ebener und
sonniger Naturweg.

BADEN
Im Chiemsee.

KARTEN
(1:50 000) KOMPASS
Nr. 10 Chiemsee,
Simssee; Bayer. Landes-
vermessungsamt,
Umgebungskarte
Chiemgauer Alpen.

Jährlich kommen Hunderttausende Besucher auf die nur zwölf Hektar große Fraueninsel, deren altehrwürdiges Benediktinerinnenkloster ein Drittel der Gesamtfläche belegt. Weil man die 20 Minuten, die man für die Umrundung der Insel braucht, höchstens als Verdauungs-spaziergang bezeichnen kann, verlegen wir unsere Wanderung aufs Festland. Auf dem gut ausgebauten und durchweg beschilderten Chiemseeuferweg marschieren wir von Gstadt nach Seebruck – wobei wir uns den Spaß allerdings mit zahlreichen Radlern teilen müssen.

Die Wanderung

Unser Abschnitt des Chiemseeuferwegs beginnt in Gstadt als geteerter Fuß-/Radweg entlang der Fahrstraße in nördlicher Richtung. Nach etwa 20 Minuten zweigt er rechts zum See ab, wird zum breiten Naturweg und verläuft immer in Ufernähe nach Seebruck. Hier kann man zum Abschluss noch ein wenig auf Römerpfaden wandeln (Fundament eines Räucher- und Dörrhauses, Römermuseum Bedaium), beim »Wassermann« oder in der »Post« einkehren, bevor man den gleichen Weg entweder wieder zurück-geht oder mit dem Dampfer zurückfährt.

Benediktinerinnenabtei Frauenwörth

Das Nonnenstift wurde 782 von Herzog Tassilo III. gegründet. Die berühm-teste Äbtissin war im 9. Jahrhundert Irmingard, eine Tochter König Ludwigs

Ob Fisch-Imbiss, Insel-Brauerei oder Hotel-Restaurant – auf der Fraueninsel kümmert man sich intensiv um das leibliche Wohl der Besucher. Hier die »Linde« mit romanti-schem Wirtsgarten.

*Aus dem Klostergarten
holen sich die Nonnen
die Ingredienzien für
ihre Klosterliköre.*

*Unten: Blick von
Schalchen auf
die Fraueninsel.*

des Deutschen. Beeindruckend die herbe, romanisch-gotische Abtei- und Kuratiekirche Mariä Opferung mit dem gedrungenen Campanile. Ehrfürchtig betritt man durch das romanische Rundbogenportal den dämmrigen Innenraum mit seinen drei Kapellen, den romanischen Wandfresken, den elf gotischen, später barockisierten Altären, den alten Epitaphien. Wieder eine Klosterkirche, der man mit diesen wenigen Zeilen nicht gerecht werden kann.

Auch das Kloster auf der Fraueninsel verdankt König Ludwig I. seine Wiederbelebung nach der Säkularisation. Nach 157 Jahren Schul- und Erziehungsarbeit sehen die Benediktinerinnen seit 1994 Frauenwörth als »eine Insel für Besinnung, Bildung und Dialog« und bieten in dem sukzessive renovierten Gebäudekomplex Seminare, Einkehrtage, Kurse für Lebensorientierung, Gesundheit und Kreativität an.

KLOSTER-SPECIALS
- Patrozinium
  21. November
- Kirchenführungen
  nach Anmeldung
- Klosterladen
- Klosterliköre und
  -marzipan
- Klosterarbeiten
- Seminarangebote im
  Kloster
- Christkindlmarkt mit
  Rahmenprogramm
- Barocke Klosterkrippe
Info: Benediktinerinnenabtei Frauenwörth, 83256 Frauenchiemsee, Tel. 0 80 54 / 90 70; www.frauenwoerth.de

KLOSTERWIRT
Ein finanzielles Standbein der Abtei Frauenwörth ist der Klosterwirt. Im rustikal-gemütlichen Ambiente kann man hier gut essen, und einen Biergarten gibt's natürlich auch. *Klosterwirt*, 83256 Frauenchiemsee, Tel. 0 80 54 / 77 65; während der Sommersaison kein Ruhetag, ab Mitte Dezember bis Weihnachten geschlossen.

KLOSTER MARIA ECK

31

Von Eisenärzt nach Ruhpolding

ANFAHRT
Auto: Salzburger Auto-
bahn A 8, Ausfahrt
Traunstein/Siegsdorf,
weiter nach Eisenärzt.
Zug: Zielbahnhof
Eisenärzt.

AUSGANGSPUNKT
Bahnhof Eisenärzt;
Parkmöglichkeiten.

GEHZEIT
Etwa 2 3/4 Stunden;
Variante 1 1/4 Stunden.

CHARAKTERISTIK
Kurzer Aufstieg nach
Maria Eck, dann
längere, meist leicht
fallende Strecke nach
Ruhpolding, über-
wiegend schattige
Naturwege.

KARTEN
(1:50 000) KOMPASS
Nr. 16 Traunstein,
Waginger See; Bayer.
Landesvermessungs-
amt, Umgebungskarte
Chiemgauer Alpen.

KLOSTER-SPECIALS
• Patrozinium Wall-
 fahrtskirche 24. Mai;
 Franziskusfest
 4. Oktober
• Kirchenführungen
 nach Anmeldung
• Trachtenwallfahrten
• Urlaub im Kloster
Info: Franziskaner-
Minoriten-Kloster
Maria Eck,
83313 Siegsdorf,
Tel. 0 86 62/49 85-0

Mit Maria Eck besuchen wir ein etwas jüngeres, kleines Kloster, das zudem eine ungewöhnliche Vorgeschichte hat: Es ging nämlich aus einem Almbetrieb hervor, den die Seeoner Benediktinermönche ab 1618 hier betrieben, da im Sumpfgebiet rund um ihr eigenes Kloster Viehwirt-schaft nur in geringem Umfang möglich war. Eine Bahnverbindung ermöglicht es, dass wir von unserm Wanderziel Ruhpolding bequem wieder zum Ausgangspunkt zurückfahren können.

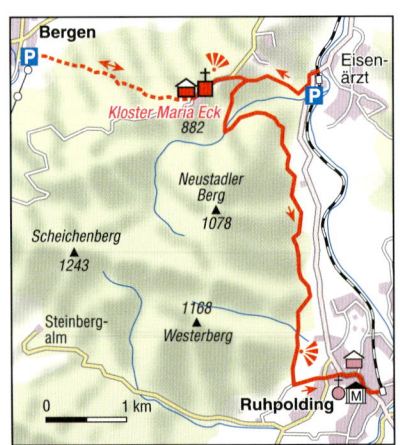

Die Wanderung

Vom Bahnhof kommend, schräg gegenüber der Durchgangsstraße, entdecken wir das Schild »Kloster-gasthof Maria Eck« und den Beginn eines Treppenwegs. Diesem folgen wir durch Wald aufwärts und bummeln später über einen Wie-senhang. Wir erreichen die Fahr-straße von Siegsdorf her, über-queren sie und steigen auf dem parallelen Fußweg nach Maria Eck hinauf (882 m, etwa eine halbe Stunde).

Für den weitaus längeren zweiten Wanderabschnitt gehen wir zu-nächst einmal entlang der Zu-fahrtsstraße ein Stück zurück, über-queren sie an der bekannten Stelle und spazieren den ebenfalls bekannten Wiesenweg bis zum Waldrand hinunter. Hier nach rechts abwärts (Wegweiser »7/Ruh-polding«) durch eine Viehweide und in den Wald zu einer Forst-diensthütte. Weiterhin den Hin-weisschildern »Ruhpolding« und der Wegnummer 7 folgend treffen wir hin und wieder auf eine Forst-straße oder wandern parallel zu dieser auf Waldpfaden am Hang entlang. Es geht meist eben dahin,

Eingang zur Wall-fahrtskirche Maria Eck.

*Bild oben und unten:
Jährlich kommen über
100.000 Wallfahrer
und Wanderer nach
Maria Eck. Am meisten
Andrang herrscht an-
lässlich der großen
Trachtenwallfahrt am
3. Sonntag im Mai.*

manchmal ein bisschen abwärts, dann wieder aufwärts. So auch kurz vor Ende des Wegs Nr. 7, bevor uns der Wald entlässt und links unten Ruhpolding sichtbar wird. Wir passieren den Skilift und gehen schließlich auf der Obergschwendter Straße zur Hauptstraße und weiter zum Bahnhof. – Variante: Von der Talstation der Hochfellnbahn in Bergen-Mühlwinkl verläuft ein guter Weg gemächlich ansteigend ostwärts hinauf nach Maria Eck (beschildert, hin und zurück etwa eineinhalb Stunden).

Franziskaner-Minoriten-Kloster Maria Eck

1626 wurde auf dem nordöstlichen Vorberg (= Egg) des Hochfelln eine erste Marienkapelle erbaut; seitdem ist bis heute eine ununterbrochene Wallfahrt hierher verbrieft. Erweiterungs- bzw. Neubau 1635 und 1642. Nach der Säkularisation 1803 kam auch Maria Eck als landwirtschaftlicher Außenposten des Seeoner Klosters unter den Hammer. Frommen Chiemgauer Bürgern ist es zu verdanken, dass die gebotene Einschlagung des Kirchengewölbes verhindert und das Wallfahrtskirchlein bereits 1813 wieder seiner Bestimmung übergeben werden konnte. Das frühbarocke Gotteshaus birgt unter anderem das verehrte Maria-Hilf-Bild im Hochaltar, eine alte russische Muttergottes-Ikone sowie zahlreiche Votivbilder und -gaben.

In das für die Seeoner Mönche 1713 auf einem Hügel über der Wallfahrtskirche errichtete und 1869 erneuerte Kloster (mit Klosterkirche St. Antonius) zogen 1891 Franziskaner-Minoriten ein. Man kann bei ihnen Urlaub im Kloster buchen, außerdem unterhalten sie ein Jugendhaus.

KLOSTERGASTHOF
Er geht zurück auf das Jahr 1638, wurde 1664 neu erbaut und im 20. Jahrhundert erweitert. Die Wirtsburg etwas oberhalb der Wallfahrtskirche Maria Eck ist über den Chiemgau hinaus bekannt für qualitätvolle bayerische Küche. Zum Draußensitzen steht zwar nur eine relativ kleine Terrasse zur Verfügung, aber dafür zeigen sich das Ludwigs- und Antoniusstüberl jedem Pilger- und Wanderer-Ansturm gewachsen. Freundlich-helle Holztäfelung, ausgezeichneter Service und last but not least ein herrlicher Chiemseeblick durch die Panoramafenster motivieren den Gast zum Wiederkommen. ***Klostergasthof Maria Eck***, 83313 Siegsdorf, Tel. 08662/93 96; Montag Ruhetag, im November geschlossen.

KLOSTER HÖGLWÖRTH
Ehemaliges salzburgisches Augustinerchorherrenstift

ANFAHRT
Auto: Salzburger Autobahn A 8, Ausfahrt Neukirchen, über Achthal und Oberteisendorf nach Teisendorf; oder B 304 Traunstein – Freilassing.
Zug: Zielbahnhof Teisendorf (zusätzlich 1/2 Stunde Gehzeit bis zum Ausgangspunkt).

AUSGANGSPUNKT
Teisendorf, Schwimmbad am südöstlichen Ortsrand (zu erreichen von der Marktstraße über Alte Reichenhaller Straße); Parkplatz.

GEHZEIT
2 1/4 bis knapp 3 Stunden.

CHARAKTERISTIK
Überwiegend ebene Teersträßchen und Naturwege, mehr Sonne als Schatten.

BADEN
Im Höglwörther See.

KARTEN
(1:50 000) KOMPASS Nr. 16, Traunstein, Waginger See; Bayer. Landesvermessungsamt, Umgebungskarte Berchtesgadener Alpen.

Bei seiner Gründung im 12. Jahrhundert war das Augustinerchorherrenstift Höglwörth noch ein richtiges Inselkloster im gleichnamigen See; heute ist das Ostufer großenteils verlandet. Dies tut dem Charme dieses malerisch vor der Chiemgauer Alpenkette gelegenen Ensembles jedoch keinen Abbruch. Wer will, kann zusätzlich zur Wanderung auch noch den See umrunden, darin baden oder Kahn fahren.

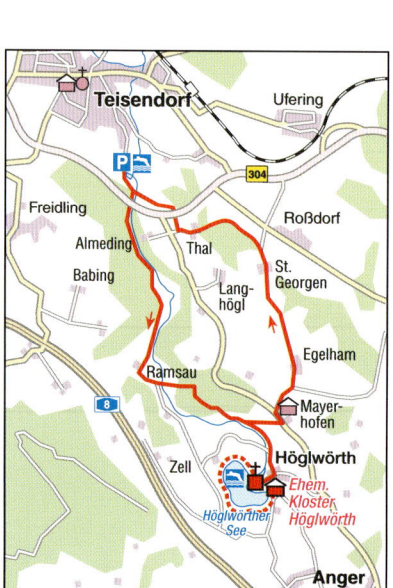

Die Wanderung

Am Teisendorfer Schwimmbad vorbei auf dem Teersträßchen südwärts bis zu den hohen Betonpfeilern der Straßenbrücke. Hier nach rechts und auf einem ebenen Naturweg durch Wiesen und Waldparzellen. Später erreichen wir zwei Gehöfte, knicken beim zweiten links auf den Mooshäuslweg ab und sind bald darauf in Höglwörth.

Nach Besichtigung und Brotzeit zunächst ein Stück auf dem Herweg zurück, bis ein Schild nach rechts das »Gasthaus Mayrhofen« ankündigt (Weg Nr. 5). Hier hinauf bis zur Einmündung in die Fahrstraße, kurz an ihr nach links, dann auf die andere Seite hinüberwechseln und dem Schild »Teisendorf« folgend auf einem Teersträßchen mit schönen Ausblicken weiter. Wir kommen durch die Weiler Weiherhäusl und Egelham. Nach zwei stattlichen Gehöften auf einer Anhöhe zunächst weiter geradeaus und vor dem nächsten Haus in die nach links abzweigende Teerstraße.

Die folgende Hand voll Häuser ist St. Georgen. Es geht kurz auf dem Sträßchen durch ein Waldstück abwärts, danach links und auf einem Naturweg am Waldrand entlang

KLOSTER-SPECIALS
- Patrozinium 29. Juni
- Kirchenführungen
  nach Anmeldung
- Kirchenkonzerte
- Heiliges Grab
  (Karfreitag und -
  samstag; seit 1652
  belegt, Kulissen
  Mitte 19. Jahr-
  hundert; alle drei
  Jahre = 2010 ff.)
Info: Kath. Pfarramt,
83454 Anger,
Tel. o 86 56/98 48 90

**KLOSTERWIRT
HÖGLWÖRTH**
Das Gebäude gleich
gegenüber dem äu-
ßeren Torhaus zum
Kloster stammt aus
der Erbauungszeit des
Stifts. In der traditio-
nellen Ausflugsgast-
stätte mit schattigem
Biergarten findet man
eine einfache, rustikale
Gaststube und eine
helle Holzveranda mit
Panoramablick. Es gibt
bayerisch-bürgerliche
Küche und natürlich
Wieninger Bier.
Klosterwirt Höglwörth,
83454 Anger-
Höglwörth,
Tel. o 86 56/7 02 94;
Dienstag Ruhetag,
im November
geschlossen.

(Weg Nr. 6) und am Ende einen kurzen Hohlweg nach links. Er mündet in eine Teerstraße, auf der wir links aufwärts in den Weiler Thal kommen. Im Rechtsbogen auf die B 304 zu, davor links in das Sträßchen abbiegen, dann rechts durch die Straßenunterführung und gleich wieder links. Bald darauf befinden wir uns wieder unter den vom Herweg bekannten Betonstelzen der Straßenbrücke und wandern auf vertrautem Weg zurück.

Ehem. Augustinerchorherrenstift Höglwörth

Wie alle Kirchen und Klöster des östlichen Chiemgaus unterstand auch Höglwörth anfänglich dem Fürsterzbistum Salzburg; erst nach dem Wiener Kongress, 1816, kam der Rupertiwinkel an Bayern. Gegründet wurde das Augustinerchorherrenstift zwischen 1123 und 1129 durch den Erzbischof und das Domkapitel, welches das Kloster mit Schenkungsgütern der Grafen von Plain ausstattete. Neubau der Klosteranlage sowie der heutigen Filialkirche St. Peter und Paul 1673–1689, Rokoko-Innenausstattung ab 1762. Beachten Sie vor allem den filigranen Stuck von Benedikt Zöpf, die Decken- und Wandfresken von Franz Nikolaus Streicher, den Hochaltar mit der Darstellung der »Verklärung Christi« von Francesco Vanni (1601) sowie neben dem Sakristeieingang das Holzrelief und Wappen (um 1510) des vermeintlichen Stifters Luitold III. von Plain von der Deckplatte des spätgotischen Hochgrabs.

Die Säkularisation 1803 überlebte Höglwörth um ganze 14 Jahre; es wurde erst 1817, nachdem es Bayern zugeschlagen worden war, als letztes Kloster aufgelöst. Die ausgedehnten Waldungen kamen dem bayerischen Staat für den Salinenbetrieb gerade recht; die Klostergebäude erwarb die Teisendorfer Brauerfamilie Wieninger, die bis heute dort wohnt.

KLOSTER RAITENHASLACH
Von Burghausen entlang der Salzach

ANFAHRT
Auto: Von Freilassing, Trostberg oder Altötting/Marktl (B 12/A 94).
Zug: Zielbahnhof Burghausen; *Bus* ins Stadtzentrum.

AUSGANGSPUNKT
Burghausen, Stadtplatz; Parkmöglichkeiten.

GEHZEIT
Etwa 2 1/2 Stunden.

CHARAKTER
Befestigter ebener und sonniger Fuß-/Radweg entlang der Salzach, kurzer Anstieg nach Raitenhaslach.

KARTE
(1:50 000) Bayer. Landesvermessungsamt, Umgebungskarte Altötting, Burghausen, Traunstein, Rupertiwinkel.

Burghausen mit seiner mittelalterlichen Burg und der sich zu ihren Füßen bühnenartig ausbreitenden Altstadt wäre für sich schon einen Ausflug wert. Unser Hauptaugenmerk soll diesmal jedoch der ehemaligen Zisterzienserabtei Raitenhaslach gelten, die sich fünf Kilometer flussaufwärts auf der Hochterrasse über einer Salzachschleife erhebt. Obwohl über die nähere Region hinaus weniger bekannt, findet man hier eine der schönsten und beeindruckendsten barocken Klosterkirchen Oberbayerns. Wir erwandern sie auf dem bequemen so genannten »Salzhandelsweg«, der auf dem Salzachdamm entlangführt.

Die Wanderung

Am südlichen Ende des Stadtplatzes beginnt die romantische Straße In den Gräben – eine Art »walk of fame« mit in den Asphalt eingelassenen Kupferplatten, auf welchen die Namen der großen Jazzer verewigt sind, die im Lauf der Jahre beim Burghausener Jazzfestival das Publikum begeistert haben. Besagte Straße bringt uns zum Salzachdamm, und hier beginnt auch schon der breite, ebene, befestige Fuß-/Radweg, auf dem wir flussaufwärts wandern. Auf der drüberen Uferseite ist bereits österreichisches Territorium. Etwa eine gute Stunde laufen wir so dahin und kommen nur ab und zu an ein paar kleinen Häusern vorbei. An der Stelle, wo rechts am Weg unter Bäumen eine Informationstafel über Raitenhaslach steht, müssen wir auf den Naturweg nach rechts abbiegen. Durch Auwald steigen wir kurz aufwärts zur Klosterkirche und zum Klostergasthof.

Biergarten des Klostergasthofs Raitenhaslach.

KLOSTER-SPECIALS
• Patrozinium 23. April und 15. August
• Kirchenführungen nach Anmeldung
• Kirchenkonzerte
• Barocke Klosterkrippe
Info: Kath. Pfarramt, 84489 Burghausen-Raitenhaslach, Tel. 0 86 77/21 33

Zurück nehmen wir den gleich Weg oder fahren mit dem Bus oder, noch schöner, im Sommer mit einer der Salzachplätten (Auskunft: Tourist-Info Burghausen, Tel. 0 86 77/88 71 41).

Ehem. Zisterzienserabtei Raitenhaslach

Dieses älteste Zisterzienserkloster Bayerns wurde 1146 hierher verlegt und stand zunächst unter Salzburgischem, ab Mitte des 13. Jahrhunderts unter Wittelsbachischem Einfluss. 1694–1698 wurde die romanische Pfeilerbasilika in eine barocke Wandpfeilerkirche umgebaut und erhielt 1743 ihre heutige Barockausstattung. Besondere Beachtung in der ehemaligen Abteikirche Mariä Himmelfahrt, seit 1806 Pfarrkirche St. Georg (zum 800-jährigen Weihedatum, 1986, aufwändig renoviert) verdienen vor allem der gewaltige Hochaltar hinter blau-silberner Stuckdraperie, die Deckenfresken, die insgesamt zehn Seitenaltäre sowie im Vorraum (Paradiesanbau) das bühnenartige Heilige Grab und südlich der Kirche ein Teil des Kreuzgangs mit alten Grabdenkmälern.

In den verbliebenen Klostergebäuden aus der Mitte des 18. Jahrhunderts gibt es seit 200 Jahren kein mönchisches Leben mehr. Etwa die Hälfte der Gebäude wurde nach 1803 abgerissen, nachdem das wertvolle Inventar nach München geschafft worden war. 2004 hat die Stadt Burghausen einen Großteil der heruntergekommenen Anlage erworben und sie damit vor dem Verfall bewahrt.

Abschließend noch ein Hinweis: Knappe zwei Straßenkilometer nördlich von Raitenhaslach befindet sich die sehenswerte Rokoko-Wallfahrtskirche Mariä Himmelfahrt in Marienberg. Sie ist »eine der bemerkenswertesten und symbolträchtigsten Raumschöpfungen der Zeit in Bayern« (Dehio), und ein Besuch ist auf jeden Fall lohnend.

Raitenhaslach ist das älteste Zisterzienserkloster Bayerns. 1803 aufgelöst, dient die einstige Abtei- heute als Pfarrkirche. Die reiche barocke Innenausstattung ist besonders sehenswert.

KLOSTERGASTHOF RAITENHASLACH
Ein großer kupferner Sudkessel vor dem Eingang erinnert noch an die Klosterbrauerei Raitenhaslach, die, nach über 700 Jahren, 2000 den Betrieb eingestellt hat. Der historische Klostergasthof (mit Hotelbetrieb) von 1585 wurde von den Vorbesitzern Ende der 1980-er Jahre geschmackvoll renoviert. Der Gast genießt hier die regionale Küche in einer Art Edel-Refektorium (um im klösterlichen Sprachgebrauch zu bleiben): dunkles Holz, zierliches Schmiedeeisen, ein barocker Kachelofen und einige ausgesuchte Antiquitäten. Bräustube, Bayernstüberl, Jägereck, Saal – dazu eine Sonnenterrasse mit Blick ins Grüne und im Vorhof ein Kastanienbiergarten mit Selbstbedienung am Pavillon. *Klostergasthof*, 84489 Burghausen-Raitenhaslach, Tel. 0 86 77/97 30; ganzjährig täglich geöffnet.

Die Gaststätten auf einen Blick

(alphabetisch nach Ortsnamen)

A

Klosterbräustüberl Baumburg
83352 Altenmarkt a. d. Alz
Tel. 0 86 21/51 55
ganzjährig täglich geöff.

Hotel zur Post
Kapellplatz 2
84503 Altötting
Tel. 0 86 71/5 04-0
ganzjährig täglich geöff.

Brauereigasthof Maierbräu
Marktplatz 2
85250 Altomünster
Tel. 0 82 54/12 79
Dienstag RT, Feb. geschl.

Brauereigasthof Kapplerbräu
Nerbstraße 8
85250 Altomünster
Tel. 0 82 54/7 77
Montag RT, Feb. geschl.

Klosterwirt Höglwörth
83454 Anger-Höglwörth
Tel. 0 86 56/7 02 94
Dienstag RT, Nov. geschl.

Bräustüberl Au a. Inn
Klosterhof 3
83546 Au a. Inn
Tel. 0 80 73/12 09
ab 12 Uhr, Sa/So ab 10 Uhr geöff.

B

**Klosterbräustüberl
Benediktbeuern**
Zeiler Weg 2
83671 Benediktbeuern
Tel. 0 88 57/94 07
ganzjährig täglich geöff.

*<< Seite 122/123: Blick über die
Biergartenterrasse des Reutberger
Klosterbräustüberls auf Sachsen-
kam und das Alpenvorland.*

Gasthaus Zur Mühle
Loisachweg 47
82547 Beuerberg
Tel. 0 81 79/88 32
Dienstag/Mittwoch RT

Landgasthof Weihenlinden
Lindenstraße 45
83052 Bruckmühl-Weihenlinden
Tel. 0 80 62/86 70
Okt. bis Apr. Freitag RT, andere
Tage 14.30–17.30 geschl.

Klostergasthof Raitenhaslach
84489 Burghausen-
Raitenhaslach
Tel. 0 86 77/97 30
ganzjährig täglich geöff.

D

Schatzbergalm
Ziegelstadel 11
86911 Dießen a. Ammersee
Tel. 0 88 07/67 80
Montag RT,

Klosterschänke Dietramszell
Klosterplatz 2
83623 Dietramszell
Tel. 0 80 27/90 45 00
Dienstag RT

E

Klosterbräustüberl Schäftlarn
82067 Ebenhausen
Tel. 08178/3694
ganzjährig täglich geöff.

Klosterbräustüberl Andechs
82346 Erling-Andechs
Tel. 0 81 52/37 60
ganzjährig täglich geöff.

Klostergasthof Andechs
82346 Erling-Andechs
Tel. 0 81 52/37 62 83
ganzjährig täglich geöff.

Ettaler Mühle
82488 Ettal
Tel. 0 88 22/64 22
ganzjährig täglich geöff.

**Hotel Restaurant Ludwig
der Bayer**
Kaiser-Ludwig-Platz 10-12
82488 Ettal
Tel. 0 88 22/91 50
ganzjährig täglich geöff.

Landgasthof Sprengenöder Alm
Sprengenöd 4
82547 Eurasburg
Tel. 0 81 79/93 10-0
Okt. bis Mai Donnerstag RT

F

Klosterstüberl Fischbachau
Kirchplatz 9
83730 Fischbachau
Tel. 0 80 28/90 94 11
Mittwoch RT, außer Mitte Juli
bis Mitte September

Klosterwirt Frauenchiemsee
83256 Frauenchiemsee
Tel. 0 80 54/77 65
täglich geöff., Mitte Dez.
bis Weihnachten geschl.

**Fürstenfelder Gastronomie
GmbH**
82256 Fürstenfeldbruck-
Fürstenfeld
Tel. 0 81 41/66 65-400
Dienstag RT

Klosterstüberl Fürstenfeld
82256 Fürstenfeldbruck-
Fürstenfeld
Tel. 0 81 41/52 68 19
Montag RT, Ende Dez. bis
Mitte Jan. geschl.

M

Klostergaststätte Indersdorf
Marienplatz 12
85229 Markt Indersdorf
Tel. 0 81 36/58 22
Donnerstag RT

Gasthof Funk
Ludwig-Thoma-Straße 32
85229 Markt Indersdorf
Tel. 0 81 36/12 00
Mittwoch RT, im August
geschl.

O

Gasthaus Sebastian Waller
Urfahrnstraße 10
83080 Oberaudorf-Reisach
Tel. 08 0 33/14 73
Montag RT, Nov. geschl.

P

Alte Klosterwirtschaft Polling
Weilheimer Straße 12
82398 Polling
Tel. 08 81/901 08 08
ganzjährig täglich geöff.

R

Bräustüberl Rott a. Inn
Marktpatz 8
83543 Rott a. Inn
Tel. 0 80 39/13 60
Donnerstag RT, Okt. geschl.

Gasthaus Zum Koch
Klosterhof 26
82401 Rottenbuch
Tel. 0 88 67/9 21 11 95
Dienstag RT, Nov. geschl.

Schönegger Käsealm
Schönegg 6
82401 Rottenbuch
Tel. 0 88 67/4 89
Apr. bis Okt. täglich geöff.

S

Klosterbräustüberl Reutberg
83679 Sachsenkam
Tel. 0 80 21/86 86
ganzjährig täglich geöff.

Klosterstub'n Scheyern
Schyrenplatz 1
85290 Scheyern
Tel. 0 84 41/2 78 90
ganzjährig täglich geöff.

Gasthof Hotel Klosterbräu
Seestraße 2
82444 Schlehdorf
Tel. 0 88 51/2 86
Okt. bis Mai Dienstag RT

Fischerwirt
Unterauer Straße 1
82444 Schlehdorf
Tel. 0 88 51/4 84
Nov. bis Jun. Donnerstag RT

Klosterwirt Kloster Seeon
83370 Seeon
Tel. 0 86 24/8 97-0
Montag bis Mittwoch RT

Café Bistro Leuchtenberg
83370 Seeon
Tel. 0 86 24/8 97-0
Donnerstag RT, Nov. geschl.

Klostergasthof Maria Eck
83313 Siegsdorf
Tel. 0 86 62/93 96
Montag RT, Nov. geschl.

Emminger Hof
86941 St. Ottilien
Tel. 0 81 93/52 38
ganzjährig täglich geöff.

Schönegger's Klosterbräustüberl
Welfenstraße 10
86989 Steingaden
Tel. 0 88 62/2 78
Dienstag RT

Gasthof Schweiger
86989 Steingaden-Wies
Tel. 0 88 62/5 00
Nov. bis Anfang Dez. geschl.

T

Herzogliches Bräustüberl
Schlossplatz 1
83684 Tegernsee
Tel. 0 80 22/41 41
ganzjährig täglich geöff.

Bräustüberl Maxlrain
Stachöder Weg 2
83104 Tuntenhausen-Maxlrain
Tel. 0 80 61/9 24 22
ganzjährig täglich geöff.

Schlosswirtschaft Maxlrain
83104 Tuntenhausen-Maxlrain
Tel. 0 80 61/9 07 90
Montag ab 15 Uhr geöff.,
Dienstag RT

V

Gasthaus Maxlmühle
83626 Valley
Tel. 0 80 20/17 72
Mittwoch/Donnerstag RT, Anfang Jan. bis Mitte Feb. geschl.

W

Gasthof zur Post
Zöpfstraße 2
82405 Wessobrunn
Tel. 0 88 09/2 08
Mittwoch RT

Alter Wirt
Miesbacher Straße 2
83629 Weyarn
Tel. 08 0 20/90 70
ganzjährig täglich geöff.

(Hinweis: Ruhetage können
sich je nach Jahreszeit oder
Pächterwechsel ändern.)

Register

Impressum

Titelfoto: Kloster Schäftlarn (Foto: Marianne Heilmannseder).
Cover unten links: Marienstatue in der Rottenbucher Kirche; Cover Mitte:
Wandernd unterwegs; Wirtsgarten Emminger Hof, Kloster St. Ottilien.

Bildnachweis:
Heinrich Bauregger: Seite 2, 4 o., 5, 6 u., 8 u., 10/11, 29, 31, 34 o., 59, 62, 63, 84
u., 97 o., 111 u., 112, 115 u., 119. — Freilichtmuseum Glentleiten: Seite 61. —
Edith Kiel: Seite 6 o., 39, 40, 43 o. r. und u., 44, 45, 47, 116, 117 u. — Martin
Siepmann: Seite 9 o., 14, 15, 18, 22 o., 26, 32/33, 35, 41, 48, 51, 55, 56, 60, 69, 72,
79 u., 83, 87 u., 101 u., 104, 105, 109, 111 o., 117 o., 122/123. — Alle übrigen Auf-
nahmen von der Autorin.

Die in diesem Band vorgestellten Wanderungen wurden mit aller
Sorgfalt recherchiert, beschrieben und illustriert. Dennoch erfolgen alle
Angaben ohne Gewähr, da zwischenzeitliche Änderungen nicht aus-
zuschließen sind. Weder die Autorin noch der Verlag können aus daraus
resultierenden Nachteilen eine Haftung für Schäden irgendwelcher
Art übernehmen.

© 2010 Verlag Berg & Tal Heinrich Bauregger, München
Alle Rechte vorbehalten.
Nachdruck – auch auszugsweise – nur mit Genehmigung des Verlags.

Gestaltung und DTP: Maren Gehrmann, Germering
Covergestaltung: Christian Weiss, München
Kartographie: Achim Norweg, München
Lithographie: Helio Repro, München
Druck und Bindung: Westermann Druck, Zwickau
Printed and bound in Germany

ISBN 978-3-939499-27-5